Francis Blanche

Claude Villers

Francis Blanche

Le tonton flingué

DENOËL

Ouvrage publié sous la direction
de Guy Birenbaum

9, rue du Cherche-Midi, 75006 Paris
ISBN 2-207-24947-6
B 24947-2

À Jean Carmet...

Je suis un garçon dont on attend toujours quelque chose
qui ne viendra jamais...

La pire des choses, c'eût été de se prendre au sérieux...

La caravane passe... les aigris restent.

Je ne suis pas méchant, je suis vache.
La méchanceté, c'est la vacherie des imbéciles.

FRANCIS BLANCHE

Avant-propos

La vie d'un homme n'est pas simple. Et celle de Francis Blanche encore moins. Car il ne s'agit pas d'une seule existence, mais de plusieurs, concentrées en quelques années trop rapides, trop fugitives. Cela ne facilite pas le travail de celui qui ose reconstituer le puzzle de son passage – à peine cinquante-trois ans – sur cette terre. Vie publique, vie privée, tout se confond, s'emmêle.

Heureusement, je ne suis pas un biographe professionnel.

Ce livre n'est ni un rapport ni un procès verbal.

Mon métier, c'est de raconter des histoires. Celle de Francis Blanche m'a toujours fasciné. Je voudrais l'évoquer comme je l'ai apprise : dans le désordre des rencontres, des confidences de ceux qui ont croisé sa route à différentes époques. Les interroger tous eût été trop fastidieux, ou même carrément impossible car nombre de ses contemporains sont déjà partis le rejoindre de l'autre côté. Aussi y ai-je ajouté les souvenirs du tout petit reporter que je fus, il y a maintenant trop longtemps. Du premier entretien que nous eûmes aux confrontations devenues, les années passant, plus complices – je ne me permettrai pas le mot amicales. De mes premiers contacts intimidés avec cette « star » aux nombreux domaines de prédilection et aux facéties les plus intimes...

Juste pour ajouter un rire de plus à son tableau d'honneur personnel.

Si je devais résumer Francis Blanche, je le définirais comme un collectionneur.

Collectionneur de rires, de rôles, de talents divers, mais aussi de sentiments, d'émotions, de personnalités parfois antagonistes.

Simplement collectionneur. Maniaque. Et cela dans chaque cas de figure où il excellait et se donnait à fond.

C'est même ce qui l'a tué car, à mon sens, il fut assassiné par toutes ces facettes différentes, terrassé par ces personnages bâtis avec patience et dont les reflets dans le miroir des yeux des autres n'étaient plus vraiment lui.

À chacun sa version, sa vérité certifiée conforme.

La vérité ! Quelle vérité ? Comme dans tous les dogmes, elle se devine parfois sous les couches d'affirmations, de contradictions, de paradoxes, de légendes et de rêves. Et surtout à l'aune de la subjectivité des curieux.

C'est vrai qu'il manque peut-être quelques éléments pour reconstituer la mosaïque. L'opinion nette et définitive de celui ou celle qui affirmera qu'il ou elle savait ! Et que je n'ai même pas cherché à joindre. Mais après toutes mes recherches, je ne suis plus certain que ceux qui le côtoyaient le plus le connaissaient le mieux. Même avec eux, Francis Blanche n'était pas du genre à se confier.

Ou alors seulement ce qu'il avait soigneusement choisi de leur révéler.

Ou alors ce serait trop triste.

C.V.

HOROSCOPE

Le portrait astrologique : Cancer 3e décan
Francis Blanche

[...] Francis Blanche, né à Paris le 21 juillet 1921, est imprégné du signe du Cancer dans ce qu'il a de plus profond et de plus constructif, par la présence de quatre planètes bénéficiées en ce signe.

[...] Francis Blanche a choisi d'être l'humoriste que l'on sait, mais il aurait tout aussi bien pu s'orienter avec succès vers des œuvres plus humanitaires, par exemple vers les secours à donner à autrui. Sa belle conjonction Jupiter-Saturne en sextile de Mars dit aussi qu'il aurait très bien pu réussir dans la médecine, les soins à donner aux malades, etc.

[...] Il peut commettre des erreurs, mais rarement des imprudences. Un bon trigone Mercure-Uranus lui donne son imagination débridée, sa « langue bien pendue » et le don de repartie que l'on sait.

[...] Mercure et Pluton lui donnent le goût de vivre en quelque sorte caché et d'aimer à voir la vie s'agiter autour de lui.

[...] Le thème astral de Francis Blanche est formel : chance certes, mais surtout travail, volonté patiente, compréhension d'autrui, culte de la camaraderie. Par ailleurs, son côté épicurien semble lui fixer des limites qu'il ne cherche pas à dépasser, car il est aussi de ces sages qui savent prendre le temps de savourer leur vie.

Camille Janguy
(extrait du *Parisien libéré* du 13 juillet 1961)

Au commencement était la fin

Je n'ai jamais volé que mes instants de chance.
Je n'ai jamais tué que le temps qui passait.
Mes poches sont percées.
Mais je garde en secret le coquillage bleu du fond de mon enfance.

F.B.

Il gît là. Dans cette chambre blanche, sur ce lit étroit de l'hôpital Pasteur [1] à Paris où on l'a transporté après son coma diabétique, l'autre jour.

Lui, le ludion, la vedette qui aime tant être entourée, admirée, adulée, le voilà seul.

Lui, l'amuseur, le poète, le penseur, l'inventeur de cette définition si simple, si élémentaire, « Il vaut mieux être riche et bien portant que pauvre et

1. L'hôpital Pasteur, créé en 1900, a fermé ses portes le 31 décembre 1999, alors que j'écris ces lignes.

malade », qu'on la croit dans le domaine public depuis des siècles, le voilà pauvre et malade.

À quoi peut-il bien penser à ce moment-là ? D'ailleurs, pense-t-on à ce moment où la mort se rapproche ? Qui peut répondre à une telle question ? Faute d'expérience, faute de connaissances scientifiques, la majorité d'entre nous ne peut y apporter de réponse sensée. Quant au corps médical, il avoue honnêtement n'en savoir guère plus. Et les rescapés ne se souviennent de rien. Tout au moins, le prétendent-ils. D'autres affabulent, pour mieux prospérer sur l'ignorance et la crédulité des gogos.

Toujours est-il que tard en cette nuit du samedi au dimanche, Francis Blanche s'en va définitivement. Pour solde de tout compte, pourrait-on dire. Le seul moyen, sans doute, de régler son contentieux, non seulement avec l'administration fiscale, mais aussi avec sa, ses vies, tant professionnelles et amicales que sentimentales. En fait, le seul moyen de refermer cette plaie purulente qui le minait depuis quelques années.

Francis Blanche est mort officiellement le 7 juillet 1974, deux semaines avant son cinquante-troisième anniversaire. Mais tous ses amis, ses intimes, ceux qui l'ont fréquenté à cette époque – en fait, leur nombre est plutôt limité – le confirment : Francis Blanche, dans les jours, les mois et même les années qui ont précédé, se trouvait déjà loin de ce monde qui l'avait rejeté ou qu'« il » avait rejeté.

Comme souvent dans les affaires de divorce, les torts sont partagés.

Il est certain que le fisc, les femmes, ses goûts de faste, ont accéléré son besoin de fuite, et chacun sait que mourir reste un moyen radical d'échapper à ses poursuivants lorsque, acculé par la meute, plus aucune ruse ne paraît viable.

Un an avant sa fin, il devait encore près d'un million de francs (lourds comme on disait encore) aux Impôts – une fortune au début des années 70 – et lui, l'anar, s'était résigné à laisser des relations intervenir auprès du ministre des Finances de Georges Pompidou, un jeune énarque du nom de Valéry Giscard d'Estaing.

Après de longues tractations, VGE, généreux, lui avait accordé un délai et, s'il tenait les dates fixées, l'arrêt des poursuites judiciaires et une remise de 10 000 francs. C'est-à-dire qu'au lieu de devoir un million, il ne devait plus que 990 000 francs. En sus, VGE, candidat à la présidence après le décès de Pompidou, s'était arrogé le droit de le placer sur sa liste de soutien, sans son accord. Cet abus de pouvoir caractérisé avait eu le don de l'horripiler au plus haut degré.

Mais l'administration fiscale le tenait parfaitement : arrêt-saisie à la source de ses cachets et autres tracasseries. Ce fut l'une des raisons de cette accumulation de navets où il n'interprétait qu'une caricature de ses rôles précédents. La plupart de ces films se tournaient à l'étranger (donc échappant au fisc français), ou bien la production consentait à lui verser une partie de son salaire en espèces, au noir.

Ajoutez à cela la trahison d'un secrétaire lui préparant des chèques qu'il signait sans chercher à savoir pourquoi ou pour qui.

En outre, il devait continuer à payer leurs pensions alimentaires à ses femmes : les mères de ses enfants, ses compagnes plus ou moins habituelles et aussi ses fiancées d'un instant. Il fallait qu'elles, au moins, ne souffrent de rien et surtout pas de ses inconséquences. Alors il leur avait tout donné, avant que le Trésor public ne s'en empare.

Lui qui avait vécu place des Vosges ou dans des palaces, se satisfaisait, dans les derniers temps, d'un étroit et sombre deux-pièces, boulevard Arago.

Le problème pour les acteurs, les auteurs, tous ceux qui travaillent à façon, c'est qu'il leur arrive de gagner des sommes considérables, de se dire « Ça va, les temps sont beaux », de tout dépenser en quelques jours et... de devoir payer leurs impôts, l'année suivante, lorsque les rentrées sont moindres et que l'horizon semble bouché.

Pour Francis, depuis deux ou trois ans, le succès devenait plus distant, plus difficile à retrouver. Dans toutes les carrières il existe ce sentiment de ralentissement, d'immobilisme. Cela était déjà advenu – jamais trop longtemps – à Francis Blanche. Mais cette fois-ci, le temps lui paraissait long, très long. Les propositions s'espaçaient, sa faculté d'imaginer, de créer, d'improviser l'abandonnait.

S'il avait pu attendre, se reposer, récupérer ?

S'il s'était organisé pour voir venir ? S'il avait prévu ?

Si...

À ce compte-là, il n'aurait pas été Francis Blanche. Lui dont l'existence se résumait à un éternel défi. Une sorte de « T'es pas chiche... » toujours relevé par cet éternel enfant. Et il ne servait à rien de vouloir conseiller ce gosse plus que cinquantenaire. Il avait décidé, une fois pour toutes, d'ignorer les avis, les conseils.

Bien au contraire. Il demandait toujours plus : « le mieux du meilleur ».

Il voulait vivre comme il conduisait ses grosses voitures : vite.

Mais il ne possédait plus les moyens de ses ambitions.

Il ne lui restait que la vie.

Or, il l'avait écrit dans un de ses poèmes :

Finie la fête, reste la vie.
La vie est bête. Tant pis.

Il considérait ses problèmes de santé comme les moindres de ses soucis et ce diabète qu'il s'efforçait d'ignorer avait, comme les impôts, fini par le rattraper et, comme le fisc, ne le lâchait plus. Mais il l'affirmait : « La maladie se traite par le mépris... »

Lui qui, sur ses photos d'adolescent, les affiches de ses débuts de chansonnier, arborait un visage assez maigre, au long nez sous des cheveux gominés – « Il était mince, il était beau » –, à la suite d'un drame intime, sa taille s'était arrondie, son cou épaissi, le double menton était apparu, à mesure que le diabète s'installait.

L'insouciance prévalait. Pourtant, les médecins lui avaient prédit que s'il ne se soignait pas, il mourrait à trente-cinq ans. Alors, il mangeait comme un goinfre, buvait comme un trou, travaillait comme un fou, aimait comme un dingue. L'âge fatidique advenu, ne voyant rien venir, il avait continué. Il était devenu un voluptueux dans tous les sens du terme. Alors qu'il s'agissait d'une course inexorable à l'abîme.

Ce qui ne l'avait nullement empêché d'écrire autrefois ironiquement un hommage aux bien-portants :

« Il y a des gens auxquels on ne rend jamais hommage et pour lesquels on ne fait aucun effort : ce sont les bien-portants, les gens qui vont bien, qui ne demandent jamais rien à personne, qui ne coûtent pas un sou à la Sécurité sociale, tout en continuant à cotiser, comme les autres ; les bien-portants, qui ne font appel ni à la pitié, ni à la charité, ni aux bons sentiments, qui ne sont une charge ni pour leur famille, ni pour la société [...]. Les bien-portants ont, eux aussi, des droits sur nous : notamment celui d'avoir leurs quêtes, leurs œuvres, leurs journées nationales ! [...] je réclame une prime de bonne santé ! [...] Alors, mes amis, tous la main à la poche, pour la Journée nationale des Bien-Portants ! »

Pourtant, dès le début des années 70, lui-même ne pouvait plus prétendre appartenir à cette cohorte.

Les avertissements se multipliaient.

Cela avait commencé par un accident cérébro-vasculaire. Un petit vaisseau claqué dans le cervelet l'avait momentanément diminué. Sa capacité mnémonique, ses réflexes élémentaires se trouvaient altérés. Il confiait à ses intimes qu'il devait calculer chacun de ses pas pour parcourir un itinéraire donné, passer les portes, descendre un escalier.

Pierre Canavaggio, l'un de ses réalisateurs à ses débuts à Télé-Monte-Carlo, se souvient de la visite de Francis, dans sa maison familiale dans les Cévennes, après le tournage d'un film de Marc Simenon. Avec le fils de Pierre et un jeune voisin, ils avaient entamé une partie de Monopoly ou d'un jeu simple du même genre. Francis avait subi rapidement plusieurs revers et soudain s'était arrêté, les avait regardés en souriant, annonçant : « Je me retire parce que je sens que je vais perdre. Il y a deux mois, j'aurais gagné en trois minutes. » Puis il s'était réfugié dans sa chambre.

Avec d'autres, moins intimes, il s'efforçait de cacher ses nouveaux handicaps. Pourtant, cela devenait de plus en plus difficile de dissimuler, de faire avec. Il perdait pied, son intelligence fuyait, sa concentration s'évaporait et l'exercice de sa, de ses professions s'en ressentait.

Alors, comme le révèle son vieux complice Darry Cowl : « Il a hâté sa mort, il s'est kamikazé... »

Gérard Calvi, son acolyte musical, son pianiste à la radio ou au music-hall, compositeur et arrangeur de nombre de ses chansons à succès (par exemple, pour Piaf, *Le Prisonnier de la tour*), va même plus loin et n'hésite pas à évoquer le suicide pur et simple :

« Peu après son dernier malaise, il avait saisi l'une de ses pipes dans sa collection, l'avait jetée à terre pour la briser et, en rigolant pauvrement, m'avait confié : " Tu vois, j'vais casser ma pipe dans les huit jours qui viennent ! " Évidemment, j'lui avais assuré que non, qu'il en réchapperait si, enfin, il acceptait de se soigner. Il m'avait regardé fixement avant de me répondre : " Écoute, j'ai bien vécu, bien déconné, mais maintenant j'en ai marre, alors je lâche tout... " J'en restai sans voix, mais après tout, moi je pense qu'il faut respecter le choix des autres. Je ne m'autorise pas à le juger... »

Et puis Monita, sa dernière compagne – il le sentait bien, lui qui passait son temps à cacher sa sensibilité –, se détachait de lui, voulait rompre.

Ça ne datait pas d'aujourd'hui.

Il avait même songé, avant l'hôpital, à mettre fin à ses jours d'une manière plus brutale. Il avait écrit à une ancienne conquête, Maryse, la mère de sa fille Caroline : « Je te demande pardon de ma faiblesse. Tout s'arrangera bientôt. [...] Je t'embrasse tendrement... »

La maladie alors s'était offerte pour accomplir son œuvre.

Au début de son hospitalisation, Monita, toute jeune encore mais fatiguée elle aussi, aurait confié : « J'en ai assez d'être à la fois sa compagne, sa secrétaire et son infirmière [...] je le quitte [...] je vais enfin pouvoir poursuivre ma carrière d'actrice. »

Alors, cette nuit de juillet 1974, c'est lui qui est parti.

« Seul, comme un chien », commente Darry Cowl. Effectivement, Monita ne reverra jamais Francis Blanche vivant. Quant à sa carrière de comédienne...

À l'annonce de sa mort, la presse, qui pourtant l'ignorait depuis quelque temps, se couvre de titres et d'articles plus élogieux les uns que les autres : « L'éclat de rire poétique » *(Combat)*, « Un touche-à-tout loufoque » *(Le Monde)*, « Sa carrière ressemble à un canular » (*Le Soir* de Bruxelles), « La radio et la TV qui l'aimaient trop l'ont tué » *(La Tribune de Genève)*, etc.

Même le quotidien catholique *La Croix*, qui l'avait si souvent éreinté, se croit obligé d'écrire, après certaines critiques évidentes sur son humour : « Il reste à Francis Blanche la gloire d'avoir été, trente années durant, l'homme-orchestre du spectacle français, le touche-à-tout tantôt génial, tantôt exaspérant, toujours irrésistible, d'une certaine philosophie de la vie à base d'humour forcené et grinçant. [...] Bonjour chez Dieu et ne faites pas mourir les anges de rire. »

Ce qui ne manque pas de saveur lorsqu'on connaît l'anticléricalisme affiché de Francis Blanche : « Je suis plus intéressé par notre vin d'ici que par leur au-delà... » et son affirmation péremptoire : « Dieu n'existe pas. S'il existait, depuis le temps que je dis des horreurs à son propos, il m'aurait déjà puni. Alors, je tente d'expliquer la raison de son silence : ou Dieu est un mythe, ou il est sourd, ou c'est du mépris ! »

Seul peut-être André Laffargue, dans *Le Parisien*, avait su sortir des habituelles niaiseries de circonstance de la « nécro » du journalisme bricolé. Laffargue avait sans doute depuis longtemps percé à jour le rigolo de service : « Il y a un an, il avait dit avec émotion un de ses poèmes : *Il est mort le beau jeune homme*, et le public décontenancé avait fini par rire. Parce que Francis Blanche était, une fois pour toutes, classé parmi les comiques... On ne saura jamais combien il en avait souffert. »

Pour lui rendre un dernier hommage, son compagnon des ondes et des planches – ils étaient encore, peu auparavant (en mars 1974), ensemble sur la scène de Bobino Music-Hall, rue de la Gaîté –, Pierre Dac, les yeux noyés de larmes, récitera ces vers ignorés et méprisés, et ajoutera : « Mon chagrin est à la hauteur de l'affection que j'avais pour lui. Je le considérais comme mon fils spirituel. Francis Blanche était un merveilleux poète. Il cachait sous son cynisme volontaire son trop grand cœur. Il était très entouré, mais ne se confiait qu'à quelques amis très sûrs dont Jean Carmet [1] et moi-même. »

Pierre Dac ne devait lui survivre que quelques mois.

Pierre Desproges, alors journaliste au quotidien *L'Aurore* (absorbé depuis par *Le Figaro*), mit, dès le lendemain, en garde tous les nécrophages professionnels et autres vampires ou rapaces salariés des médias :

« Messieurs les partisans de la commémoration-souvenir, s'il vous plaît, rangez vos discours, ne lan-

1. Ce livre lui doit beaucoup. Hélas, Jean Carmet nous a quittés en 1994.

cez pas de souscriptions, laissez les sculpteurs à leurs vacances [1]. C'est vrai, Francis Blanche est mort et c'est bien triste. Mais l'un des plus grands souhaits de sa vie était qu'on transforme en statue tous les gens qui se prennent au sérieux. Alors, on vous en prie, ne le mettez pas sur un piédestal, vous offenseriez sa mémoire. [...] On peut affirmer au risque de faire bondir une meute d'intellectuels qu'il y avait du Boris Vian dans Francis Blanche. L'un et l'autre avaient du génie. Ils étaient de ces gens éclectiques, au talent butineur, incapables de s'arrêter à une seule fleur, tant le champ de la vie leur semblait vaste... »

Bien vu. Mais si on me permet cette incise, l'ami Pierre a dû bien souffrir lui aussi des exploiteurs posthumes ! À mon avis, ça ne l'a pas surpris. J'espère que ça le fait encore rire. Fermons la parenthèse.

En règle générale, les vrais amis de Francis Blanche se sont montrés discrets. Et ils continuent. Tout juste s'ils se bornent à émettre des regrets de ne pas avoir su comprendre ou répondre à ses appels au secours.

Comme l'avoue Georges Lautner (le réalisateur des *Tontons flingueurs* ou des *Barbouzes*) : « C'est à

1. Nous sommes en juillet.

ce moment-là qu'on ressent le sentiment de frustration, des occasions manquées, le côté “ Merde, si j'avais su... ”. C'est banal de le constater même pour ceux qu'on a aimés, appréciés ou simplement fréquentés... Je déteste les mots d'affection affectés, obligatoires, les rôles obligés... Pour moi, Francis c'est un gars qui m'a, qui me fait rire, qui m'a ému, qui a eu beaucoup de chance... et pas de pot ! C'est tout. »

Darry Cowl, lui, quand on s'étonne qu'il ne se soit pas rendu à l'enterrement, répond, les yeux dans le vague : « Je ne vais jamais aux enterrements. C'est malsain les enterrements. Moi, si ça m'arrive de mourir, on ne sait jamais, je veux être incinéré pour ne pas déranger ! Comme disait Francis en trinquant – et qu'est-ce que j'ai pu trinquer avec lui : “ Si vous n'aimez pas les cercueils, on vous fera monter de la bière ! ” »

Quoi qu'il en soit, comme l'indique la formule rituelle, les obsèques de Francis Blanche furent célébrées dans « la plus stricte intimité ». Étaient-ce là ses dernières volontés ? Certainement, mais cela n'a guère d'importance pour celui qui aimait à répéter : « Ce qui peut se passer après ma mort ? Je m'en fous : je serai mort ! »

À propos, tous les visiteurs du cimetière d'Èze-Village (06 Alpes Maritimes – Très beau point de vue!) peuvent lire sur sa pierre tombale l'inscription : « Laissez-moi dormir, j'étais fait pour ça... » Il s'agit, en fait, de la chute d'un de ses plus beaux poèmes, *J'ai rêvé ma vie.*

J'ai rêvé ma vie
Les yeux grands ouverts
Me suis réveillé
Quand c'était l'hiver...

La neige était là
Le ciel était gris
Le vent était froid
Je n'ai pas compris...

Mes beaux soirs d'avril
Que j'avais rêvés
Où donc étaient-ils,
J'en aurais pleuré...

Faites-moi plaisir
Commencez sans moi
Laissez-moi dormir
J'étais fait pour ça...

Quand on pénètre sa courte existence, rien n'est moins sûr...

L'homme

Vivre n'est qu'un verbe.
Encore convient-il de le conjuguer opportunément.

F.B.

Le Bon Marché, grand magasin familial, se situe à Paris dans un quartier, le VIIe arrondissement, où l'Église catholique possède de nombreuses chapelles, les sièges des diverses congrégations et même des îlots entiers d'immeubles. Aussi n'est-il nullement incongru d'y rencontrer curés et bonnes sœurs s'adonnant au plaisir innocent du lèche-vitrines et se laissant même quelquefois tenter par l'acquisition d'objets usuels de ce bas monde.

C'est encore l'époque (début des années 60, règne de « Tante Yvonne », la pudibonde Mme de Gaulle) où les servantes de Dieu arborent la cornette et ses humbles serviteurs la longue soutane noire, avec le chapeau rond à large bord.

Mais l'apparition de deux ecclésiastiques mâles, en grande tenue, au rayon « lingerie féminine » provoque une explosion de silence, dans l'atmosphère déjà feutrée des lieux. Les regards, d'abord sidérés puis outrés des vendeuses et des clientes figées de stupeur, suivent l'avancée lente et visiblement intéressée des deux hommes de robe parmi les étals de porte-jarretelles et de soutiens-gorge.

Soudain, comme fascinés, ils s'approchent d'un bac où se trouvent en vrac des lots de petites culottes, s'immobilisent, retroussent leurs manches, plongent leurs mains dans la soie ou le nylon et manipulent lubriquement les sous-vêtements, les triturent, les hument à grandes et sonores inspirations. Autour, ces dames sont au bord de l'apoplexie.

Pour ajouter au malaise général, le petit gros en noir, les yeux exorbités, apostrophe l'une des clientes et lui lance, d'un ton salace : « Et toi, t'as pas de culotte, salope ! » Un frisson de dégoût parcourt l'assistance...

Et moi, caché derrière un pilier, je hoquette d'un rire incontrôlable, je manque de m'étouffer, je tousse comme un malade, éveillant les soupçons de deux malabars en costume-cravate qui déboulent par une porte marquée « Service uniquement », alertés par une vendeuse ayant enfin recouvré ses esprits.

Mais Francis Blanche et Jean Carmet – car il ne peut s'agir que d'eux – sont les plus rapides et s'échappent dans la foule. L'usage du talkie-walkie étant encore, dans ces années-là, pratiquement inconnu des services de sécurité, les vigiles ne peuvent prévenir leurs collègues et c'est ainsi que, dix minutes plus tard, je retrouve mes deux olibrius, hilares, au bistrot du coin.

Ils ont eu le temps d'abandonner leurs déguisements – apportés de je ne sais quel tournage – dans le coffre de la voiture de Francis, garée non loin. « Alors, t'as aimé ? Ça t'a fait rire ?... » et Jean, tout sourire, me tend mon verre de blanc tandis que Francis avale le sien cul sec.

Voilà, c'était juste pour ça, pour savoir si j'avais bien rigolé devant leur facétie de gamins attardés. Rien, pas d'autre raison. Que pour moi, pour le gosse, le petit nouveau dans leur entourage. Ni pour l'épater ni pour l'éblouir : juste pour le faire rire. Et en profiter également pour se régaler eux-mêmes. Pour moi, une sorte de cérémonie initiatique d'admission dans leur club très fermé. Pour eux, la continuelle escalade du « T'es pas cap » de deux chenapans.

Je les connais à peine. J'ai tout d'abord rencontré Francis, quelques mois plus tôt.

Ce jour d'hiver, en sortant du bureau de mon rédacteur en chef, je suis tout sourire. Deux ou trois collègues lèvent le nez de leur copie : « T'as obtenu une augmentation ? un congé ?... » Touché par tant de sollicitude, je m'empresse de leur confier la vraie raison de mon bonheur soudain. Le « boss » m'expédie à la rencontre de Francis Blanche. Rires sardoniques des vieux de la vieille : « Ben mon pote, il te fait pas de cadeau... La vache ! » « Ouais, t'as pas fini d'en baver, tu vas voir... » « Blanche, c't'un salopard avec les journaleux... Encore heureux s'il te reçoit... »

Mon ardeur quelque peu refroidie par ces jugements peu amènes, je n'en mène pas large dans la 403 du journal, que conduit le photographe en me confirmant tout le mal qu'il pense, lui aussi, du bonhomme.

Ça se passe donc au début des années 60. L'animal, c'est vrai, bénéficie d'une sacrée réputation de vachard.

Blanche, une vedette de la chanson, de la radio, du cinéma, de la TV, du cabaret, du théâtre... je ressens tout à coup la fatuité du petit reporter que je suis de vouloir l'approcher et, comble de prétention, sans rendez-vous préalable.

Arrivé aux studios de Boulogne, je manque de repartir en courant et puis, chance des débutants, complicité de deux petits gros, le courant passe entre cet homme d'alors quarante ans et le gosse d'à peine vingt printemps. Peut-être aussi cela lui rappelle-t-il son propre culot avec ses aînés. Toujours est-il qu'en quelques minutes la glace se rompt et que, grâce à ce jour-là, je vais pouvoir le revoir fréquemment.

Lorsque, peu après, je deviens copain avec Jean Carmet – son mauvais génie pour certains, mais son meilleur ami pour tout un chacun qui a eu la chance de les fréquenter – alors, là, nous nous revoyons encore plus souvent.

À première vue, c'est un petit bonhomme d'1,63 mètre pour plus de 90 kilos, capable, par sa seule apparition, de faire rire la France entière et, en deux ou trois répliques, de se fâcher avec la moitié !

Sa mauvaise foi est proverbiale. Mais après tout, il le clame bien fort : « On est obligé d'être sectaire. D'abord, quand on voit le sectarisme qui tente de s'opposer à vous. Ensuite, parce qu'on part du principe que ses propres idées sont les meilleures ! »

Francis Blanche reste un personnage hors normes. Et pas seulement en raison de sa taille. Ceux qui se souviennent de lui, plus de vingt-cinq ans après sa mort, en gardent l'image d'un homme qui pouvait tout à la fois se montrer exquis, élégant, brillant en tout domaine et, comme le souligne Darry Cowl, « d'une méchanceté sans limite, frôlant parfois la sauvagerie ; quand il avait commencé, il ne savait plus s'arrêter et il ne reconnaissait jamais aller trop loin »...

Mais lui et tous les autres s'accordent à reconnaître sa générosité et son immense culte de l'amitié. « La véritable amitié, je crois, sait être lucide quand il le faut, aveugle quand elle doit. » Si Francis Blanche est un faux gros, comme il existe de faux maigres, c'est aussi un faux méchant, comme il y a de faux gentils. C'est un doux qui s'ignore.

« Il avait des moments extraordinaires de tendresse, de fraternité, ajoute Gérard Calvi, le musicien. Souvent, il dépannait ceux dans le besoin sans rien dire, sans le faire remarquer. Il avait un certain sens de la justice. Je l'ai vu se bagarrer pour des regards, des gestes, des paroles, des attitudes viles ou mesquines... Par exemple, un soir dans un cabaret, il avait fait le coup de poing avec des spectateurs trop bruyants durant le tour de chant de Léo Ferré. Dans les boîtes, il remontait pour rattraper un client noir ou arabe, interdit d'entrer à cause de sa couleur de peau, et revenait avec lui en fixant le videur, en disant haut et fort, passant devant lui : “ Monsieur est avec moi... Si vous n'êtes pas d'accord, allez me chercher le patron... ” Pour moi, c'est l'un des amis que j'ai le plus aimés. Le plus grand que j'ai connu... »

Francis Blanche le reconnaît : « Mon tragique à moi, c'est la vie quotidienne avec ses mufleries, ses lâchetés, ses stupidités. C'est en fait le comportement de l'homme moyen (je parle des sentiments), mesquin, veule. Une sorte de méchanceté uniforme et institutionnelle. »

Comme l'indique le journaliste Henri Marc : « Il était toujours prêt à s'élancer à l'attaque de toutes les fausses valeurs et de la sottise humaine, avec les armes de la dérision et de la déraison... »

Mais il ne veut surtout pas passer pour un moralisateur, un prédicateur, un redresseur de torts : « Il ne faut jamais avoir l'air de monter en chaire. »

Politiquement d'ailleurs, il semble plutôt délicat de lui coller une étiquette. Ami des premiers jours sous l'Occupation, Gérard Calvi lui-même hésite encore entre le compagnon de route des communistes (pour un temps au moins) et l'anarcho-libertaire, mais de toute manière sur la gauche de l'échiquier. Pourtant, certains penchent vers l'autre bord et évoquent les amitiés avec Audiard et consorts. Encore, tous s'accordent-ils sur l'appellation « anarchiste ».

Mais Francis Blanche peut-il se satisfaire d'une quelconque idéologie [1] ? J'avoue, au cours de ces longues années, n'avoir jamais songé à m'en inquiéter.

Lui-même, lorsqu'on l'interroge à ce sujet dans la presse, se réclame uniquement de la philosophie de « l'École à manger de la tarte et – sourit-il – pour que l'école dure, amis donnez... ».

Ce qui lui importe avant tout, c'est de faire rire. Que ce soit dans son travail ou dans sa vie.

Comme lors de mon initiation au Bon Marché – qu'il renouvellera avec d'autres (parfois avec des variantes) –, comme avec Pierre Canavaggio, dans ce même quartier, alors confit en dévotion, où les deux compères Carmet et Blanche, toujours habillés en curés, entrent dans une pâtisserie et commandent... des religieuses, en les décrivant à leur convenance par des détails ambigus : « Potelées... bien crémeuses, bien baveuses... qu'on peut prendre par les deux bouts » en ajoutant « ... si vous voyez bien

1. En 1961, il mènera campagne – avec Roger Pierre et Jean-Marc Thibault – pour son copain animateur d'Europe N° 1 Maurice Gardett, autre grand amateur de canulars – décédé en 1996 – qui se présente à des élections partielles dans le IXe arrondissement contre le candidat gaulliste Raymond Marcillac.

ce que nous voulons dire », tout en fixant la vendeuse rouge de confusion.

Selon le film qu'ils tournent, les costumes changent : en gendarmes, en pompiers, en facteurs, mais seuls ou ensemble, c'est la « Caméra invisible » sans caméra, destinée à un témoin unique et privilégié. Plus fort que l'émission du même nom qui n'existait pas encore.

Francis Blanche peut se montrer innocent ou cruel. Mais ça n'arrête pas de pleuvoir.

Par exemple, il envoie à ses amis des cartes postales de la *Vénus de Milo* avec, au dos, des légendes du style : « Vous voyez ce qui vous attend si vous continuez de vous ronger les ongles ?... » ou, invité à la télévision dans une émission de Michèle Arnaud, il bâille bruyamment à s'en décrocher la mâchoire, avant de déclarer en direct : « Pardonnez-moi, ce n'est pas que je sois mal élevé, mais c'est que je m'ennuie comme un rat mort. »

Darry Cowl se souvient de concours de lancer de camemberts, dont la seule règle est de jeter en l'air les fromages les plus coulants possible. Celui dont le camenbert reste le plus longtemps collé au plafond se voit proclamé gagnant.

Pendant un temps, il fait croire à Gérard Calvi qu'il veut entrer dans les ordres et se présente deux ou trois fois devant lui en soutane.

Pourtant, si Carmet collectionne les prie-Dieu et les confessionnaux, l'anticléricalisme de Blanche est bien connu. Il déclare : « Lorsque, par hasard, je me trouve chez moi : je dors, je mange, je bois ou j'écris. Le plus souvent, je blasphème. Je possède un Christ en bois, ainsi qu'un tableau représentant une Marie tenant dans ses bras son petit Jésus.

« Il m'arrive de poser devant eux, avec une grappe de raisin comme Bacchus. Je fais régulièrement la toilette du Christ, tous les vendredis, avec résignation, amour, mais aussi avec une éponge. C'est plus pratique. »

Ce qui ne l'empêche pas d'être copain avec le curé d'Èze et de se noircir avec lui. Georges Lautner revoit encore « Francis descendant l'escalier de son nid d'aigle avec le prêtre aussi bourré que lui ».

Autres cibles privilégiées : les militaires et les représentants de la loi.

Au nom du sacré principe : « Je suis un non-violent. Quand j'entends parler de revolver, je sors ma culture » et de « La guerre, c'est moche et ça ne sert à rien. Mais, dit-on, il faut bien se défendre. Et l'on ne sait jamais qui a tiré le premier coup de feu », il en arrive à ce constat « forestier » : « Le bois dont on fait les flûtes est supérieur à celui dont on fait les poteaux frontières et encore plus au bois dont on fait les crosses de fusil ou les cercueils. »

Il adore les rôles de vieilles ganaches et, entre deux prises, en uniforme, se mêlant à des groupes de vrais officiers ; vers le boulevard Saint-Germain ou l'École militaire, il déclare soudain, péremptoire : « C'est scandaleux, on nous accuse de tous les torts, mais si l'on devait nous limoger à chaque fois qu'on fait mourir des hommes inutilement, où irions-nous ?... Qu'en serait-il des vocations et des engagements ? Que deviendrait l'École de guerre ? » Silence dans les rangs, notre trublion se dépêchant de rompre avant les premières réactions des gradés. Car, après tout, dit-il : « Je pense beaucoup de mal de l'uniforme. En particulier, parce qu'il se froisse facilement... »

Ces mauvais plis lui valent d'ailleurs pas mal d'ennuis !

Quant à la force publique, il n'hésite pas à risquer le cachot pour un bon mot. Ainsi, un 13 juillet sur les Champs-Élysées, prend-il à partie un groupe d'agents de police en hurlant aux gardiens de la paix sidérés, montrant des ouvriers de la Préfecture installant des barrières : « Qu'est-ce que c'est que ce chantier ! Allez tout de suite leur rappeler que je les avais pourtant prévenus. Je ne viendrai pas demain ! Exécution... »

Mais ce sont surtout ses voitures et sa manière de les conduire qui lui causent ses pires accrochages avec les autorités. Ainsi, en 1953, année de la sortie du film de Clouzot *Le Salaire de la peur*, avec Yves Montand et Charles Vanel, dans lequel les deux stars conduisent de lourds camions emplis de dynamite portant, à l'avant et à l'arrière, des panneaux « Danger, explosifs », il reproduit cet avertissement en lettres rouges sur un grand carton blanc déposé contre la vitre arrière de sa voiture. Évidemment un jour, sur les Champs-Élysées, un agent le siffle et s'approche de lui, le carnet à la main.

« Monsieur, vous êtes en double infraction. Si c'est vrai, je vous rappelle que le transport d'explosifs est interdit en agglomération. Si c'est une plaisanterie, vous n'avez pas le droit d'arborer ce signe !

– Mais, monsieur l'agent, c'est vrai. Seulement moi, je transporte des explosifs agréés... »

Il se penche vers l'intérieur, ouvre sa boîte à gants et en sort trois pétards rouges pour enfants. Furieux, le policier l'ayant reconnu ne l'embastille pas mais lui fait quand même retirer le panneau.

Les grosses voitures américaines demeurent sa passion, un luxe sublime dans les années 50-60. Je me souviens que, dès notre première entrevue, il tint à me montrer sa dernière acquisition en la matière, et comment, quelque temps plus tard, vers 1964, il nous fit avec fierté la démonstration du téléphone qu'il y avait fait poser, privilège extrêmement onéreux et encombrant, jusque-là réservé aux voitures de police ou à celles des grands journaux et des radios. Caprice d'enfant gâté et fortuné.

À ses débuts, il se contente d'automobiles plus modestes. Ainsi, Pierre Canavaggio évoque cette 4 CV avec laquelle, à Monte-Carlo, Francis dévalait l'avenue Princesse-Charlotte, assis à la place du passager, la tête et le buste hors de la portière, hurlant avec de grands gestes : « Au secours, au secours... Je ne sais pas conduire... Comment on arrête ? » Panique des passants et de la maréchaussée. En fait, le siège conducteur reculé à fond ou enlevé, un copain assis sur le plancher, invisible de l'extérieur, tenait le volant.

C'est toujours à Monaco – d'après le même Canavaggio et sous ses yeux – qu'il étrenne son gag fameux du moteur fonctionnant à l'eau (qu'il renouvellera maintes fois). Un coup de la panne bien particulier... Arrivé à quelques dizaines de mètres d'une station-service, avec l'une de ses grosses limousines, il coupe le contact, s'immobilise, descend et pousse son véhicule jusqu'à la pompe. Au préposé, qui se frotte les mains à l'idée de remplir d'essence (déjà chère) un réservoir d'américaine, il demande le plein et, avant même que l'autre ne décroche le tuyau, il ajoute : « Non, de l'eau... moi j'ai un moteur à eau... » Et le garagiste, avec son arrosoir, contraint d'obtempérer, effectue de nombreux voyages depuis le robinet. Une fois terminée la corvée, Blanche, grand seigneur, allonge une modeste pièce à l'employé et, sous l'œil effaré des témoins, redémarre au quart de tour.

Rien que pour ces regards et les rires des copains, il s'est donné la peine de demander à un mécanicien complice de mettre un réservoir pour l'eau dans le coffre et, pour un moment, de le raccorder à une fausse trappe sur un modèle peu connu des non-spécialistes. Parfois, il pousse la provocation jusqu'à ajouter au liquide deux ou trois cachets d'aspirine, pour améliorer la carburation !

Autre épisode connu, un soir, sortant avec Jean Carmet d'un théâtre des Boulevards, il grimpe dans son énorme carrosse US, coincé entre deux autres véhicules dont une vieille 4 CV. Pour se dégager, Francis, avec son pare-chocs, pousse celle-ci sans résultat apparent. Alors il fait ronfler son moteur, l'emballe et percute violemment la petite cylindrée. Des passants s'attroupent. Francis, toujours aussi nerveusement, répète la manœuvre. On perçoit des réflexions sur ces richards qui se croient tout permis. Surtout qu'à présent, tandis qu'il recommence, Carmet, par la vitre ouverte, hurle : « Vas-y, c'est une voiture de pauvre ! » La foule devient hostile, le conducteur persévère, la 4 CV ressemble de plus en plus à une épave. Surgit un agent et, sous ses yeux, Francis donne un coup encore plus retentissant. Le policier le somme de cesser, l'autre continue.

Carmet devient hystérique, le peuple gronde.

Alors, le flic tente d'ouvrir la portière, menace de les embarquer au poste s'ils ne s'arrêtent pas et ne lui présentent pas immédiatement leurs papiers. Francis coupe le contact et, de son portefeuille, sort la carte grise de sa Buick (ou de sa Chrysler) et... celle de la 4 CV martyre. Il ajoute : « De toute manière, elle est destinée à la casse... »

Après cet incident, il apposera sur le coin gauche de sa voiture un petit rectangle de papier très officiellement barré de tricolore. En s'approchant, on lit : « Laissez passer M. Macheprot – Ancien élève des écoles communales de la Ville de Paris. » Une signature illisible sous l'encre d'un tampon d'aspect administratif. Francis Blanche explique : « Quand le véhicule roule, les agents n'ont que le temps d'apercevoir les trois couleurs bleu, blanc, rouge. Alors ils saluent mécaniquement. Lorsque l'allure se ralentit, seuls les mots " Laissez passer " sont lisibles. Ils se bornent à rectifier la position. Mais hélas, à l'arrêt, les contractuelles identifient aisément le propriétaire. Elles écoutent la radio. Je ne me suis jamais caché d'être M. Macheprot... »

Quand il s'agit d'une simple infraction au stationnement, la sanction se solde alors par un autographe. Pour d'autres délits, ça se complique.

Jean Carmet m'a raconté qu'en remontant de la Côte par la nationale 7 (l'autoroute n'existant pas encore), dans un village des faubourgs d'Avignon, Francis roulant, comme toujours, trop vite, rase de trop près un vélomoteur. Le type, sous le coup de l'émotion, perd l'équilibre, valdingue lourdement dans le fossé et se relève avec, toutefois, plus de peur que de mal. Des témoins exigent quand même, vu l'état du deux-roues et les possibles commotions du bonhomme, l'intervention de la gendarmerie. Arrivent deux motards. Les pandores, rassurés sur le sort du cyclomotoriste, écoutent sa version, celle des badauds présents et, enfin, se tournent vers Francis Blanche. Question élémentaire :

« À quelle vitesse rouliez-vous ?

– Oh ! 60, 70... », répond Francis et, à ce moment-là, Carmet intervient :

« Non, non, ce n'est pas vrai. Allez, il faut dire la vérité à messieurs les gendarmes, avoue-le, tu faisais au moins du 90 ou du 100... »

Blanche le regarde, éberlué, mais, fidèle à la surenchère permanente régnant entre eux, entre dans le jeu. Il baisse la tête et bredouille, penaud :

« Oui, c'est vrai, j'allais... oh... à 110, 120... »

Les gendarmes lèvent les sourcils.

« Mais c'est limité bien en dessous en agglomération. Au moins, vous teniez bien votre droite ?

– Ben oui, évidemment... »

Et Carmet d'intervenir à nouveau :

« Faux... tu mordais la ligne jaune [1], je t'ai même dit...

– Ah, tu as raison, j't'ai même répondu j'm'en fous ! Tu te souviens ?

– Oh, tu sais, après ce qu'on a bu lors du déjeuner, c'est normal de ne plus avoir toute sa mémoire !

– Et en plus, vous avez bu, s'étouffe l'un des uniformes, déjà le carnet à souches à la main.

– Euh... oui, reconnaît Blanche tout confus, mais lui, s'empresse-t-il en désignant Carmet, c'est pire, monsieur... vous savez ce qu'il m'a dit en vous voyant arriver tout à l'heure ? Eh bien, il m'a chuchoté : De quoi y s'mêlent ces deux espèces de... »

1. Aujourd'hui blanche *(sic)*.

Et c'est ainsi que les deux enfants terribles se retrouvent en cellule pour plusieurs heures, tentant vainement d'expliquer leur duel absurde mais habituel [1].

En 1966, la conduite imprudente de Francis, pourtant seul, ce jour de juillet, sur la Moyenne Corniche entre Nice et Monaco, devait le mener tout droit en correctionnelle. Motifs : dépassements interdits dangereux, refus de respecter les indications routières, refus d'obtempérer (de présenter ses papiers) et outrages à agents de la force publique.

1. Francis Blanche, travaillant souvent à Radio-Monte-Carlo, achète un studio à Monaco, obtient un statut de résident – ce qui lui évite quelques impôts – et conduit donc depuis 1946 avec un permis monégasque. À la suite de la « guerre » de 1962, entre la République et la Principauté (lorsque Onassis, allié au prince Rainier, cherchait à s'emparer de la Société des Bains de mer toute-puissante, de Gaulle avait rétabli les barrières douanières entre les deux pays et menaçait de couper l'eau et l'électricité pour bien montrer qui était le vrai patron de « l'État souverain »), ce document n'est plus valable. Francis doit donc repasser l'examen en France. Habitant Èze, il pousse jusqu'à Nice et abandonne sa Cadillac pour la R 8 de l'examinateur, l'inspecteur Robert. Ce changement de véhicule manque de lui être fatal : il cale trois fois, effectue difficilement ses créneaux, peu familier de l'embrayage manuel, plutôt habitué à l'automatique et à la direction assistée, deux fonctions pratiquement inconnues alors chez les constructeurs français. Il obtient quand même le précieux papier rose et déclare à la presse : « Je songe sérieusement maintenant à repasser mon certificat d'études... »

Ceux-ci, en effet, alors qu'ils ont interrompu la circulation pour permettre la manœuvre d'un automobiliste ayant raté un virage (la route est en épingle à cheveux), voient soudain débouler, sur la voie de gauche, un bolide doublant, sans visibilité aucune, les véhicules immobilisés sur plus d'un kilomètre.

Les coups de sifflet rageurs des représentants de l'ordre parviennent à stopper l'engin. D'après le procès-verbal, le dénommé Blanche Francis les aurait alors menacés d'un : « Vous verrez de quel bois je me chauffe, moi, je n'ai pas de temps à perdre ! »

Devant le tribunal de Nice, il reconnaît l'infraction routière, mais nie l'outrage. « Je n'ai jamais dit... Vous verrez de quel bois je me chauffe... Croyez-moi, monsieur le Président, depuis Courteline, personne ne s'exprime plus ainsi. Je ne savais rien de l'accident plus avant et j'estimais, à tort, que des touristes me retardaient sans raison. Mais si j'avais voulu menacer les policiers, je me serais borné à leur dire : Si vous entendez donner suite à cette affaire, eh bien, moi aussi... Sans plus.

– Ces termes peuvent, à eux seuls, constituer l'outrage à agents, l'interrompt le substitut du procureur.

– On est devenu bien susceptible dans la police !

– Soyez sérieux, monsieur, ici nous ne sommes pas au cirque !

– Je ne fais pas de cirque, monsieur le Procureur, je suis un artiste de music-hall... » Se tournant vers le juge : « Monsieur le Président, je vous fais remarquer que nous sommes en présence d'un outrage à prévenu... »

Malgré les rires, le verdict tombe : trois amendes à 80 francs chacune pour dépassement interdit, 1 000 francs pour le refus de se soumettre au contrôle des papiers et 2 000 francs pour l'outrage à agents. Interrogé par les journalistes à la sortie de l'audience, Francis, très sérieux, déclare : « Je n'ai pas le droit de commenter la chose jugée. Je tiens seulement à préciser que je paie régulièrement mes contraventions, comme tout le monde, que je ne bénéficie d'aucune protection politique ou autre... et que le substitut de Nice fera une grande carrière ! »

Ce ne sont pas ses premiers ennuis judiciaires (ni les derniers).

Deux ans plus tôt, le sieur Figeac Pierre, administrateur de sociétés (et accessoirement responsable UNR, l'ancêtre de l'UDR, devenu RPR, parti gaulliste alors au pouvoir en France), se porte partie civile en accusant Francis de coups et blessures volontaires et de dégradation de véhicule.

« Le 23 avril 1963, à midi, dépose-t-il, comme je rangeais ma DS rue Lord-Byron, M. Blanche, qui piaffait derrière moi avec sa Cadillac, est venu me saisir au collet et me secouer fortement. Puis, remontant dans sa voiture, il a violemment embouti l'arrière de la mienne. J'ai subi 12 jours d'incapacité de travail. »

Prié de s'expliquer, le prévenu (libre) déclare :

« Monsieur le Président, ce monsieur oublie de vous dire que je le suivais depuis la rue Vernet où il m'avait fait une queue de poisson. Puis, pour me narguer, il a brandi son avant-bras d'une manière que le respect éprouvé pour la cour m'empêche de reproduire dans cette enceinte. Je l'ai donc rattrapé, il m'a injurié et je l'ai pris amicalement par la cravate pour lui apprendre à bien conduire et à bien se conduire. Il s'est dégagé et m'a menacé : “ Cela va vous coûter cher, je vais prendre votre numéro. ” À quoi j'ai répondu obligeamment : “ Ne vous donnez pas cette peine, mon numéro, je vais vous l'imprimer dans le pare-chocs arrière. ” Voilà, c'est tout, monsieur le Président. »

Le magistrat maintient difficilement son sérieux, et lorsque Me Peberay, avocat de l'accusé, s'étonne que M. Figeac argue de 12 jours d'incapacité pour un choc aussi bénin entre deux véhicules, dont l'un est à l'arrêt et l'autre à moins de 2 km/h, il accorde un supplément d'expertise. Pourtant, malgré ce délai bienveillant, Francis Blanche sera condamné à 2 000 francs d'amende et 4 000 francs de dommages et intérêts.

Lorsque l'huissier se présente, début octobre 1964, pour le saisir, suite au non-paiement des dommages et intérêts – 4 000 francs + 222,95 francs de frais –, il lui tend un chèque de 3 222,96 francs et, pour le solde, lui montre, dans un coin de la pièce, un tas conséquent de pièces de 1 (ça existait alors), 5, 10 et 20 centimes : « Voilà les 999,99 francs du solde. Comptez », ainsi que l'exige la loi stipulant aussi qu'à partir de 1 000 francs, l'huissier peut refuser le liquide et exiger un chèque.

L'officier ministériel et son clerc, bien obligés, obtempèrent. Ce qui leur prend un certain temps (essayez et vous verrez)... Magnanime, Francis leur offre à boire et les aide même à placer les piles dans un grand sac. Pour la petite histoire, ledit sac, sous le poids, cède en sortant de l'appartement et les pièces se répandent dans l'escalier ! Mais cette fois-ci, Francis les aide à les récupérer (et à les recompter), en déclarant aux journalistes évidemment convoqués pour l'opération : « Ce sont vraiment des espèces trébuchantes ! »

Cette pratique du règlement en pièces l'amuse depuis longtemps. Dans ses débuts, Darry Cowl, encore pianiste, l'accompagnant à l'ABC, reçoit ainsi le paiement de son cachet.

Il pousse même, plus tard, le vice jusqu'à payer des retards d'impôts importants de la même manière. Le percepteur ne pouvant alors refuser les espèces quelles qu'elles soient, Francis arrive un soir avec un camion-benne qui déverse, sur le trottoir devant la Trésorerie, quelques kilos francs, au strict sens du terme.

Les employés commencent à compter, mais il est tard. Ils ne peuvent tout de même pas y passer la nuit. Les représentants du fisc ne peuvent pas non plus abandonner quelques centaines de milliers de francs sur la voie publique. Force est donc de requérir l'assistance de la Préfecture de police. Jusqu'à la réouverture des bureaux, des policiers armés de pistolets-mitrailleurs se relaient pour défendre l'argent de l'État des éventuels pillards.

Pour en revenir au conflit Figeac/Blanche, l'affaire, avant cet épilogue financier, prend une tournure particulière. En avril 1964, M. Figeac dépose une nouvelle plainte contre Francis. D'après lui, « on » le harcèle d'appels téléphoniques anonymes à des heures indues : longs silences, halètements, borborygmes graveleux... la panoplie complète. Ce « on » ne peut être que son rival malheureux. Il en est sûr et certain car il a fait, par les PTT, poser une « bretelle » sur son propre numéro, afin que l'administration postale [1], prévenue début février, puisse remonter jusqu'à l'appeleur.

Les relevés sont formels : un appel enregistré le 23 février à 1 h 59, trois le 30 février *(sic)* à 2 h 46, 3 h 09, 3 h 58, et enfin le 15 mars à 3 h 02. Tous proviennent de son domicile, pourtant Francis Blanche ne reconnaît que les trois appels du 30 février. Et pour cause : « Même si nous sommes dans une année bissextile (1964), je suis prêt à avouer les pires crimes commis un jour pareil. » Plus tard, reconnaissant son erreur, la Poste corrige le tir en précisant qu'il faut, bien entendu lire : le « 1er mars ».

Quoi qu'il en soit, un juge d'instruction l'inculpe de « voie de fait avec préméditation ».

Furieux, Francis, à son tour, porte plainte... contre X... en vertu de l'article 77 du Code des PTT : « Tout fonctionnaire public qui viole le

1. Nous n'en sommes pas encore à France Télécom.

secret de la correspondance téléphonique est puni des peines portées à l'article 187 du Code pénal [...] c'est-à-dire à une amende de 500 à 8 000 francs et/ou de 3 mois à 5 ans de prison. »

En ce cas, d'après l'avocat de l'artiste, la jurisprudence (cour d'appel de Paris du 28.3.1960) est formelle :

« Si le juge d'instruction chargé officiellement d'une plainte a, en principe, le droit d'intercepter ou de faire intercepter par des officiers de Police judiciaire des communications téléphoniques, il est non moins certain que ce pouvoir est strictement réservé audit magistrat instructeur. [...]

« Les officiers de Police qui, sans instructions formelles d'un juge, procèdent par eux-mêmes à des écoutes téléphoniques sont répréhensibles au regard de la Loi. »

Or la plainte de M. Figeac date du 21 avril et les faits délictueux constatés par les PTT de février et mars. Donc, sans mandat judiciaire, sur la seule demande de l'intéressé, par ailleurs trésorier d'un parti politique au pouvoir, soupçonné de liens particuliers avec une police parallèle, le SAC (Service d'action civique). Ce qui, au moment du procès (début 1965) – il sera condamné dans une affaire et débouté dans l'autre –, fera dire à Francis Blanche :

« Ce sont des procédés de barbouzes et, croyez-moi, je sais de quoi je parle [1] ! »

Les ennuis de Francis excitent la verve de son ennemi, Philippe Bouvard. Entre eux, c'est la guerre. Depuis un article au vitriol du jeune échotier du *Figaro*, que le comédien surnomme le « Crapaud Mufle » et qu'il dénonce chaque semaine dans son émission d'Europe 1, en demandant à ses auditeurs de lui adresser (au journal) leurs vieilles boîtes de camembert ou autres emballages perdus.

Bouvard, dans un article en date du 19 février 1965, se venge.

Extraits choisis :

« Tous les spécialistes vous le diront : le comique est, après les œufs, la denrée qui supporte le plus mal le transport. [...] Mais le plus gros fantaisiste de la capitale ne me démentira point si j'affirme que le Code pénal est moins indulgent que la critique, lorsqu'il s'agit de juger son humour si particulier. [...] M. Figeac est un homme tranquille et bien élevé. [...] Il est conseiller financier de son état et se serait fort bien passé de voir son nom régulièrement accolé, depuis bientôt deux ans, à celui d'un amuseur, même patenté. »

1. Le film *Les Barbouzes*, de Georges Lautner, dont il est l'un des acteurs, date de 1964.

Il évoque la confrontation automobilistique et ajoute que « M. Figeac lui a révélé être ceinture noire de judo, quatrième dan. [...] Je suis pourtant resté dans ma voiture, pour assurer la sécurité de mon antagoniste. J'avais trop peur de faire trois Francis Blanche d'un seul ».

Rappelant le procès et la condamnation de ce dernier, Bouvard précise que, d'après M. Figeac, il s'agissait d'un « compteur Girard » – employé couramment lorsque des abonnés se plaignent d'un relevé trop important – installé après une démarche personnelle auprès du cabinet du ministre des PTT (?) et non d'une table d'écoute. Et il conclut aimablement : « La plaisanterie était plus lourde que son auteur ! »

Francis, apprenant les aptitudes pugilistiques de son adversaire, commente : « Le judo, c'est mauvais quand on déboîte aussi facilement ! »

Lui, côté sport, évidemment c'est plutôt limité : « Je pratique uniquement ceux que j'ai inventés : le rugby de table, ou rugby sur l'ongle (il s'agit de pousser le ballon avec le doigt) ; j'ai aussi un sport de jardin : le tire-au-flanc, qui consiste à envoyer des tartes à la crème sur une cible. »

Plus sérieusement, il pratique, lorsqu'il se trouve sur la Côte, la plongée sous-marine avec son voisin, l'écrivain Armand Lanoux, et la pêche au thon avec Darry Cowl et quelques autres.

Il se défend plus adroitement encore dans les jeux de société. Ce n'est pas un fou de jeu, mais il n'aime pas perdre. Ce qui l'intéresse, c'est de montrer qu'il est le plus fort en tout, même là. Mais certainement pas pour l'argent.

« Il préférait claquer son fric avec une belle fille. Et Dieu sait qu'il en connaissait... », se souvient Pierre Canavaggio.

Darry Cowl, grand joueur devant l'Éternel, évoque toujours avec émotion, à l'époque de leur association au cinéma, les parties de Monopoly à Èze où « Blanche jouait méchamment... » et surtout ce soir, dans l'appartement place des Vosges, où Francis – il y a également Devos – s'emporte contre son demi-frère : « Marc vivait là aussi, dans la loggia au-dessus du séjour. Après le dîner, Francis propose d'entamer une partie de “ Conquête du Monde ” ou un truc comme ça. Enfin, un jeu où il s'agit de gagner la maîtrise du globe, en contrôlant un maximum de pays. Il faut pour cela pratiquer des échanges d'États, nouer des alliances et, comme dans la réalité, mentir, trahir... Vers deux heures du matin, Francis rappelle à Marc sa promesse de lui confier quelques nations. Et Marc, emporté par sa victoire imminente, lui répond sans même le regarder : “ Mon cul, j't'emmerde, tu es foutu... ” Alors, Francis, tout blanc, jette ses cartes et articule : “ Si c'est ainsi, tu te tires... ” Marc comprend que l'autre ne rigole pas. Il remonte faire ses bagages. On a essayé de les raisonner. Ils ne se sont jamais revus... »

Darry Cowl sait de quoi il parle. « Avec lui, on buvait comme des trous, 28/30 bières par jour. On peut dire que c'est lui qui m'a drogué à la bière. Des fois, j'arrivais sur un plateau, je savais même plus où j'étais. »

La boisson reste quand même moins importante que la « bouffe ». Il faut employer ce terme car il ne mange pas, il s'empiffre à longueur de journée : petit déjeuner consistant le matin, déjeuner imposant à midi, en-cas en fin d'après midi, dîner le soir, souper après le/les spectacles et, souvent, ses fameuses pâtes en rentrant.

« Manger beaucoup concordait parfaitement avec ses vies désordonnées, commente Gérard Calvi. Il lui fallait emmagasiner de l'énergie pour mener à bien toutes ses activités... »

Ce gourmand, en emménageant dans son appartement de la place des Vosges – plusieurs chambres de bonnes réunies sous les toits de l'ancien Pavillon de la Reine –, dessine lui-même l'emplacement et l'agencement de la cuisine.

Son habileté devant les fourneaux épate encore ses amis. Surtout qu'il ne réserve pas son art culinaire à sa propre table. « Même invité chez les autres, confie Jean-Marc Thibault, il arrivait deux heures avant le rendez-vous, avec ses ustensiles, en ayant fait les courses et hop ! au boulot... » Quand on lui demande comment il peut concilier un emploi du temps surchargé et l'attention requise par ses savantes préparations, il répond : « La cuisine, ça me repose... » Ses spécialités reconnues : le carré d'agneau à la moutarde et les beignets de courgettes.

À Èze, lorsque le repas est prêt, il sonne le « rata » au clairon ! Dans ses émissions à la radio, il s'arrange souvent pour glisser des recettes farfelues comme : « La pêche au crabe » : moitié de pêche creusée, garnie d'une salade de crabe, « Les pieds aux mûres » : pied de cochon grillé, avec de la confiture aux mûres, etc. (dont sa célèbre « Mouche au chocolat [1] »).

Il ne revendique pas pour autant l'appellation de gourmet : « Un gourmet, c'est un gourmand qui se domine et moi j'en suis bien incapable. Donc, je suis un gourmand et je l'assume. » À ceux qui

1. J'explique pas.

s'inquiètent de son tour de taille, il lance : « Gros ou maigre... la différence est pour les porteurs de cercueils... »

Lui qui affirme détester la sauce blanche, il collectionne les plaques de rue portant son nom et, dans ses toilettes, au-dessus de la cuvette des WC, trône la plaque émaillée de la « Place Blanche ».

Chez ce mystificateur génial – pas seulement dans son métier, mais aussi dans sa vie quotidienne, en ce sens qu'il savait dissimuler ses problèmes et ses complexes – tout prête à rire : « Je ris de tout. Si je me voyais plus fréquemment, je rirais de moi plus souvent. Hélas, n'étant pas narcissique, je possède peu de miroirs. »

Cet homme cultivé, érudit même, lassé des sempiternelles banales questions journalistiques sur ses goûts et ses couleurs, en arrive, rien que pour observer la stupeur de son interlocuteur, à jouer à l'idiot absolu.

« En tant que lecteur, mes centres d'intérêt sont multiples, éclectiques et déconcertants : ça va des *Essais* de Montaigne aux Séries Noires de Carter Brown, en passant par le boulevard Voltaire.

« En musique, je peux aller d'Alban Berg à Francis Lopez, en passant par l'avenue Mozart.

« En peinture, du Greco à Toulouse-Lautrec, en passant par le Violon d'Ingres et la Trompette de Géricault.

« Mais, je ne m'intéresse pas aux sciences. À part mes recherches personnelles sur l'expérience du physicien Trampton, expérience sur la mesure de la température des liquides, sans thermomètre mais avec une soupière : cette expérience est connue sous le nom de " Trampton dans la soupière, tu me diras si c'est chaud ! " »

Il savait que l'humour s'exerce toujours au détriment d'un autre. Après tout, qui ne s'esclaffe pas en voyant un quidam s'étendre en ratant le trottoir, embrasser un réverbère ou recevoir une tarte à la crème en pleine figure ?

« Dans une émission de TV, un jour, il arrive sur le tournage, dans un décor d'appartement, sans avoir eu le temps d'écrire une ligne », raconte Pierre Canavaggio, alors réalisateur à Télé-Monte-Carlo. « Je m'inquiète de savoir comment on va faire... " T'en fais pas. " Il m'entraîne dans la salle de bains et le voilà qui se déshabille. En caleçon à fleurs, il me dit : " Regarde... " Son truc, c'était celui du type qui, dans la salle de bains, tente de rattraper la savonnette mouillée, glisse, tombe, grimace. Il m'en a fait dix minutes... »

Le tragique ne le rebute pas. Même s'il le touche et qu'il ne s'en cache pas. Darry Cowl garde en mémoire « cet homme d'un certain âge, ancien banquier, devenu aveugle depuis quelques années, et qui vient fréquemment à Èze avec son épouse souffrant, elle, de sclérose en plaques. La plaisanterie favorite de Francis consiste à faire des croche-pieds au non-voyant qui trébuche ou tombe sans trop de mal sur le tapis. Le pire, c'est que lui-même en rit. Un jour, en touchant le sol, il hurle, pas de douleur mais de surprise car, l'espace de deux secondes, il a revu la lumière.

« Aussitôt Francis, assez estomaqué, lui propose d'appeler un copain ophtalmo. L'infirme va pour accepter, puis il se ravise et refuse. Tous lui demandent : “ Mais pourquoi ? ”. “ C'est à cause de ma femme. Sa maladie, m'a-t-on dit, a profondément affecté son physique, son visage. Et moi, je l'ai connue si belle, si gracieuse... Je préfère ce souvenir à la réalité... ” »

Francis en chiale, comme un môme.

À y repenser, c'est vrai que, comme Pierre Dac, il pouvait pleurer à volonté...

Lorsqu'on évoque le couple Pierre Dac-Francis Blanche, cela dépasse le chapitre de l'amitié, de la complicité, voire de la fraternité. Même si Francis aime son propre père, son humilité, son respect, son attention de tous les moments, sa piété quasi filiale envers Dac relèvent plus du domaine familial et privé, au même titre que sa famille ou ses amours. Ce qui ne l'empêche pas, pour les uns comme pour les autres, d'atteindre des sommets de cruauté.

L'amour, la tendresse et autres jardins secrets

L'Amour ? Ce n'est ni un instrument de musique, ni une lampe de poche, ni une maladie, ni une boisson pétillante.

Et pourtant, ça fait plus de bruit, plus de lumière, plus de mal et plus de bien que tout ça.

C'est plus douloureux qu'un cor au pied, mais plus agréable qu'un bain de soleil !

F.B.

Rire. Il sait si bien les faire rire que peu de femmes lui résistent. Surtout qu'il s'accroche, s'acharne, lui le petit gros, pour parvenir à ses fins. Il joue de son physique, s'en sert, s'en moque, « rebondit », ose Darry Cowl, et certainement se venge. Il recèle un tel besoin de séduire qu'il y consacre peut-être même plus d'énergie qu'à travailler. Ses multiples activités n'empêchent nullement son instinct de chasseur de traquer son gibier préféré : « Plus je connais les hommes, plus j'aime les femmes... » Comédiennes, vendeuses, danseuses, secrétaires, institutrices, infirmières...

Comme les fonctions, les rôles, les films, les scènes, les chansons, ce Casanova inattendu collectionne les dames. Il épate là autant ses ennemis que ses amis, qui les voient parader, à chaque fois différentes, à son bras lors des soirées, des dîners, des premières, des tournages ou des répétitions.

Georges Lautner s'amuse encore du défilé incessant des épouses, fiancées, compagnes, sur les plateaux de ses films ou dans les loges des studios : « Il les convoquait parfois à cinq minutes d'intervalle. Théoriquement, il s'arrangeait, même si elles savaient, pour qu'elles ne se rencontrent pas. Parfois, comme dans les vaudevilles, des portes claquaient... des gifles aussi. Je crois que ça l'amusait. [...] C'était un don Juan. Je n'imagine pas la vie sexuelle de Francis, mais je ne peux m'empêcher d'y penser. Dans le lot, il y avait des pin-up ! »

Pourtant, si Francis ne se cache guère et prend un malin plaisir à étaler ses bonnes fortunes, il reste quand même d'une grande discrétion à leur propos, en ce sens où il ne cherche pas à se vanter de qualités supposées de super-amant. À chacun d'en déduire ses propres réflexions.

Il ne se cache pas mais ne s'épanche pas, même auprès de ses intimes. Pour lui, c'est établi, normal.

Je dois reconnaître n'avoir pas, non plus, poussé très loin mes investigations. Ma curiosité en ce domaine s'émoussant fort rapidement. Après tout, même si, là aussi, il s'est beaucoup donné, ce n'est pas l'essentiel et le plus important de son œuvre.

Officiellement, Francis Blanche est passé deux fois devant M. le Maire : avec la comédienne-chanteuse Édith Fontaine (1943) et avec Évelyne (1953), rencontrée, en 1951, dans un magasin de confection de Nice où il voulait acheter une chemise. Son copain de lycée Claude Grégory, époux de la sœur d'Édith Fontaine, restant son beau-frère puisque épousant la sœur d'Évelyne !

En 1956, lors des auditions pour l'opérette *La Belle Arabelle* écrite pour les Frères Jacques, il remarque une ancienne danseuse du Châtelet, devenue comédienne en suivant les cours de Charles Dullin et qui s'était déjà fait remarquer sous l'Occupation dans *Les Mouches*, la première pièce de Jean-Paul Sartre, au théâtre de la Cité (ex-théâtre Sarah-Bernhardt, rebaptisé pour cause d'aryanisation, et actuel théâtre de la Ville à Paris). On l'avait vue aussi au cinéma en 1946, aux côtés de Michèle Morgan et Pierre Blanchar dans le film de Jean Delannoy (d'après André Gide) : *La Symphonie pas-*

torale. Au théâtre de la Porte-Saint-Martin, elle gagne un nouveau rôle et... une place dans le cœur de Francis Blanche.

Arlette Rebora sera la mère de trois de ses enfants (un garçon et deux filles) : Jean-Marie, Dominique et Barbara. Elle renoncera à sa carrière pour les élever. Mais il reste l'époux légal d'Évelyne, qui accepte la situation et dont il ne divorcera jamais.

Même lorsqu'en 1964, un soir de 15 août, seul à Paris dans une discothèque, il rencontre Maryse, une jeune Guadeloupéenne, perdue elle aussi dans la capitale à l'heure estivale. Et à nouveau, tout bascule.

Pouchy, c'est le surnom qu'il lui donne, sera la mère de son quatrième enfant : Caroline. Les envieux disent même que c'est uniquement pour qu'une fillette noire porte le nom de Blanche !

S'il ne peut guère passer pour un modèle en tant que mari ou concubin – les pauvres devaient supporter sa vie de bohème, les gueuletons, les sorties, les copains omniprésents : « C'était un vrai saltimbanque, commente Gérard Calvi, il ne pouvait et ne savait pas vivre d'une manière convenue » –, en revanche, c'est un père remarquable. Il s'arrange toujours pour passer voir ses enfants le plus souvent possible. Comme il garde de bons rapports avec ses ex. Ce qui donne à ses soirs de Noël une allure de marathon, avec tous ses foyers à visiter et ses cadeaux à distribuer. Assez paradoxalement, certains n'hésitent pas à dire que c'est un homme très attaché à la famille ! Ses paternités successives l'émerveillent.

Deux mois après la naissance de Barbara (sa deuxième fille avec Arlette), il n'hésite pas à réveiller le bébé en pleine nuit, pour le montrer à Pierre Canavaggio. Cinq ou six ans plus tard, alors que les deux hommes rendent une visite à Arlette et aux enfants, ils surprennent Barbara passant l'aspirateur dans le salon. Francis, choqué qu'une petite fille de son âge manipule un engin alors aussi lourd, commence par enguirlander la mère. Barbara intervient :

« C'est moi qui veux, Papa. Je répète pour passer mon permis.

– Ton permis ?

– Oui, le permis de conduire les aspirateurs. Ça me servira bien, plus tard... »

Le visage radieux, il se retourne vers son copain.

« Tu te rends compte, Pierre ! Le permis de conduire les aspirateurs... c'est un génie ! »

Mais il se montre intransigeant pour ce qui est des études, surtout en français. Sa sévérité, toutefois, ne dure qu'un moment. Ses facultés de pitre reprennent vite le dessus. Quand les enfants deviennent grands, il les oblige à le saluer à son arrivée par une génuflexion, voire à baiser sa chevalière en l'appelant « Monseigneur » et, à son départ, par un « Au revoir, vieux con »...

Il ne connaîtra de déboires avec son harem que vers la fin de ses jours.

Édith Fontaine – dont il a divorcé en 1952 et à qui il verse depuis lors une pension alimentaire mensuelle de 500 francs, portée ensuite volontairement à 950 francs – demande soudain, en 1972, 3 000 francs par mois. Devant la 3e chambre du tribunal civil de Paris, elle argue de l'augmentation du coût de la vie pour justifier cette prétention, à une époque où les finances de Francis ne brillent guère. Mais ce n'est pas la seule raison de son refus : il aurait préféré un procédé moins judiciaire. Il se vexe. Devant le juge, il ne peut s'empêcher, cruel, d'étayer sa réponse négative en avançant que : « Elle n'a pas d'enfant à charge dont je serais le père... D'ailleurs, prenez en compte, monsieur le Président, que cette dame vit depuis quinze ans avec un autre homme ! » Déboutée en première instance, Édith interjette appel et obtient, en décembre 1973, après jugement de Salomon, la somme de 1 500 francs pour « réactualisation ». En plus, Francis doit payer les dépens !

Déjà très malade (il a maigri de vingt-six kilos), il connaît quelques problèmes avec Monita, sa dernière et très jeune compagne. Pourtant, au début de leur idylle, il n'hésite pas à payer un dédit de 15 000 francs à la direction du théâtre des Champs-Élysées (où elle joue un petit rôle dans une pièce d'Anouilh avec François Périer) pour qu'elle puisse le suivre dans la tournée de son show *Franciscorama.* Monita qui, en ce début 1974, n'hésite pas à déclarer à la journaliste Monique Pantel : « Il ne me fait pas rire du tout. Il n'est pas drôle dans la vie. »

Effectivement, partager ses jours et ses nuits avec lui ne se révèle pas toujours de tout repos. En plus du rythme effréné de son existence (« Je suis très matinal. Je me couche tous les jours à quatre heures du matin ! [...] J'ai tout le temps envie de dormir, car j'ai des semaines de sommeil de retard ! » confie-t-il, en 1964, à Claude Sarraute, alors journaliste au *Monde*), d'endurer ses fréquentations, ses beuveries, son inconstance flagrante, ses pitreries, ses blagues incessantes, ses humeurs changeantes, son refus de soigner ce diabète qui le menace depuis longtemps, ses crises de jalousie (mais oui !), l'heureuse élue doit tenter de gérer les espaces de repos et d'intimité : « Je m'ennuie tant en vacances, faut toujours que je trouve un papier, un crayon, un magnétophone », avoue-t-il encore à Sarraute.

Le pire reste d'essayer de comprendre la situation financière en cours. Les rentrées sont conséquentes, mais le train de vie d'un tel boulimique en tout genre entraîne forcément des périodes incertaines, surtout lorsque le fisc réclame son dû. « Le moins qu'on puisse dire, c'est que Francis n'avait pas le sens de l'économie, commente, désabusé, Gérard Calvi, qu'il s'agisse de son esprit, de son corps ou de son portefeuille. » Francis Blanche le reconnaît : « Je me sers de mon argent pour réaliser des économies, mais je m'empresse d'utiliser mes économies pour dépenser mon argent [...] et ce n'est pas que je sois très attaché à l'argent, mais force m'est de constater que l'argent lui non plus n'est pas très attaché à moi. »

Disons que ses priorités, en matière de répartition budgétaire, se classent en un ordre pas toujours évident pour le commun des mortels. « C'était un grand seigneur, estime Jean-Marc Thibault, et il vivait comme tel. Ne croyez pas que c'était de l'égoïsme. Il avait un cœur gros comme ça. Avec lui au restaurant, il fallait se battre pour payer. Mais son style de vie, c'est fatal : les pensions alimentaires, l'éducation des enfants, les appartements pour les anciennes, les cadeaux somptueux pour les nouvelles, les soupers fins, les voyages pour les futures, les bagnoles, les pots et les repas avec les potes... l'addition grimpe vite. Surtout que, dans ce métier, il existe des hauts et des bas dans les recettes et les sorties de fric... Ce qui l'a achevé, en l'occurrence, ce sont ses ennuis fiscaux. Son arriéré, au mauvais moment. Une vengeance de l'Administration. À l'antenne, il ne les loupait pas. Comme tous les corps constitués. Ce qui a tout déclenché, en fait, c'est que, pour jouer le rôle d'un contrôleur vachard et pervers dans le film de Gérard Pirès, en 1968, avec Girardot et Yanne, il s'était affublé du véritable patronyme de son propre inspecteur des impôts. L'autre, il a pas aimé passer pour un salopard, alors il lui a prouvé qu'il l'était ! Il l'a pas loupé non plus... »

Le combat est perdu d'avance. Jean-Marc Thibault pense même que le boulet de la dette accumulée a précipité son désir de baisser les bras, de tout laisser tomber. La petite lumière dans ses yeux brille moins. Il avoue à Monique Pantel, dans *France-Soir* du 22 février 1974, « avoir tendance à broyer du noir. Je me laisse aller. Je n'ai plus envie de rien ».

Pourtant Francis devrait pavoiser.

Cet article paraît l'avant-veille de la « première » de son retour à Bobino. En 1974, le music-hall de la rue de la Gaîté n'a aucun rapport avec le blockhaus portant le même nom qui l'a remplacé. C'est encore une grande salle cent cinquantenaire, à « l'italienne », de plus de 900 places, avec balcons, promenoirs, velours et rideau rouge. Mais c'est, avant tout, la consécration des retrouvailles professionnelles avec son complice Pierre Dac, le créateur avec lequel il n'a pas travaillé, sur une scène, depuis plusieurs années, même s'ils ont continué de se téléphoner et de se rencontrer.

Bobino vient après leur triomphe dans une petite boîte de l'avenue Trudaine, *Le Roy Lyre*. Prévue pour les fêtes de Noël et du Nouvel An 73-74, à minuit passé, cette sélection de leurs vieux sketches, mêlés à quelques poèmes, suscite un bel enthousiasme, malgré l'heure tardive, le quartier éloigné (Pigalle n'a plus la cote) et l'exiguïté de la salle. Bien sûr, rien de nouveau, mais pour le public Blanche et Dac c'est Jacob et Delafon, Mallet et Isaac [1]... Le succès est assuré. Alors on commence par resserrer les tables, une centaine de personnes par soir au

1. Je ne l'ai pas fait exprès ! André Isaac est le vrai nom de Pierre Dac !

maximum, on ne peut quand même pas repousser les murs. Il faut se résoudre à prolonger. Puis, au bout de six semaines sans relâchement aucun, passer à la taille supérieure : ce sera Bobino.

La « reprise » tiendra l'affiche, salle comble chaque soir, jusqu'à fin mars, une semaine de prolongation, poursuivre se révélant impossible pour cause de contrat [1].

Pierre Dac et Francis Blanche, ou Francis Blanche et Pierre Dac ?

Le Roi des Loufoques et le Prince de la Dérision ou le Baron de la Déraison et le Marquis du Non-Sens ? Leur association ne se pose pas en ces termes.

Francis, depuis son enfance d'auditeur d'avant-guerre – « J'ai été nourri au lait de *L'Os à moelle* » –, voue à Pierre Dac une admiration totale et une déférence absolue, mais il n'existe entre eux, malgré la différence d'âge (une trentaine d'années), aucune hiérarchie, aucune préséance. Même si leur première rencontre professionnelle se révèle plutôt électrique. Un soir de 1949, dans un bistrot près du théâtre La Bruyère, Gérard Calvi prend un café sur le zinc avant de rejoindre la troupe qui, depuis près d'un an, triomphe dans la revue de Robert Dhéry

1. Avec aussi à l'affiche Betty Mars et le Trio Athénée.

Les Branquignols. Accoudé au comptoir, un autre homme, l'air sombre, le dévisage. Gérard reconnaît Pierre Dac. Il a déjà rencontré, dans des réunions d'anciens des Forces françaises libres, celui qui durant la guerre parlait depuis Londres à ses compatriotes occupés, sur les ondes *verboten* de la BBC. L'ancien créateur de *L'Os à moelle* et vedette du Poste parisien avait en effet choisi, l'un des premiers, de suivre le général de Gaulle dans son exil, pour poursuivre le combat contre l'Allemagne. Il s'avance vers l'ex-résistant, se présente. Dac n'a pas oublié et précise même être venu là pour le trouver et se plaindre du petit gros. Le petit gros ?

« Oui, ce type que j'entends le dimanche matin à la radio... »

Gérard Calvi pense aussitôt à Francis. Le succès des *Branquignols* est tel que la RDF diffuse tous les dimanches matin une émission délirante du même titre. « Hum... vous voulez parler de Francis Blanche ?

– C'est ça ! Celui qui me pique tous mes vieux trucs... »

Calvi tente de persuader Dac qu'il se trompe, qu'il s'agit d'un malentendu.

« Écoutez, je le connais depuis longtemps, vous faites fausse route... Vous devriez venir regarder le spectacle et ensuite je vous le présenterai... »

Le compositeur-accompagnateur lui glisse une invitation et prévient Francis. Après les rappels de fin, Calvi conduit Pierre Dac au réduit servant de loge, puis les laisse en tête à tête. « Avec d'autres comédiens, on les a vus surgir une heure plus tard, dans le restaurant où nous dînions, hilares, bras dessus bras dessous. Ils ont commandé à boire et à manger... et ne se sont plus jamais quittés... Je crois que cette nuit-là reste magique. Un coup de foudre réciproque. [...] Travailler avec eux relevait du plaisir permanent. [...] Je me suis tellement amusé à leurs côtés... »

Malgré leur parfaite entente, Francis ne se départira jamais d'un vouvoiement déférent, marque de l'admiration, de l'estime qu'il porte à son aîné. Cette estime est réciproque. Dac, gêné par cette distance recherchée, après quelques essais infructueux, renonce aussi à tutoyer. Mais ce refus de la familiarité n'empêche pas Francis d'exercer son sens de la provocation au détriment de Dac. Dans les cabarets, profitant de l'absence de son partenaire, Francis, avant de s'éclipser prudemment, connaissant le ressentiment de Pierre pour la conduite peu glorieuse des « confrères » de sa génération, trace au rouge à lèvres sur le miroir de la loge, en lettres bien épaisses, un « Vive Maurice Chevalier ». Blanche sait que la seule évocation de ce nom suffit à susciter la fureur de son ami. Pour Pierre Dac, l'attitude plus que maréchaliste du chanteur – « collabo », grimace-t-il – ne vaut que vil mépris. Il se venge de son jeune partenaire en tentant de le déstabiliser en scène : change une réplique, lance un jeu de mots imprévu, sort un objet incongru de sa poche, simule un trou de mémoire et force Francis à combler.

Un jour, pour se venger d'une nouvelle niche, il se poste dans les coulisses et quand Blanche, seul en scène, se retourne pour indiquer qu'il l'attend, en un éclair il se déculotte et lui montre ses fesses. Francis, agité de soubresauts annonciateurs, a juste le temps d'articuler : « Vous avez mauvaise mine aujourd'hui... » et il explose de rire, tellement incapable de continuer que les machinistes doivent baisser le rideau devant l'incompréhension du public.

Leurs sketches sont émaillés de ces fous rires impromptus. Même si Dac paraît conserver plus aisément son sang-froid dans les pires situations, ce qui le rend encore plus irrésistible. Et lui permet d'obtenir le bénéfice du doute lorsqu'un jour, à Èze, la maréchaussée vient s'enquérir d'un tireur suspect, criblant de plombs (avec un pistolet à air comprimé) les fesses des passants. Quand le gendarme affirme au monsieur digne venu à la porte que l'angle de tir tendrait à indiquer la piste de chenapans se cachant derrière les volets fermés d'une fenêtre, il s'offusque, monte sur ses grands chevaux et excipe de ses décorations, de son passé de résistant (nous sommes dans les années 50), etc. Le militaire, gêné, impressionné par la colère subite, balbutie quelques excuses et se retire. Il ne reste plus à l'indigné qu'à rejoindre Francis dans la chambre, derrière les persiennes, récupérer son arme et reprendre avec lui l'affût du postérieur suivant...

Plus tard, Dac oubliant de rendre la pièce de cinquante centimes ou de un franc que Blanche lui a prêtée, ce dernier lui envoie du papier bleu et un huissier. Évidemment, Dac amusé refuse de payer, attend le procès. Francis arrête le jeu après le « dernier avertissement avant saisie ». Les délais de la procédure durent plusieurs mois, le jeu revient très cher, sachant que les « exploits » des hommes de loi ne sont pas gratuits.

Quand on rit, on ne compte pas. Quand on aime non plus, paraît-il.

En 1959, débordé par ses succès au cinéma, Blanche s'éloigne un peu de Pierre Dac, sauf pour les enregistrements de *Furax*, leur feuilleton radiophonique sur Europe 1. Mais les instants de complicité, d'intimité s'espacent. Dac se sent délaissé, rejeté. Il en souffre. Dépressif, il tente, en janvier 1960, de se suicider en se coupant les veines dans son bain avec une lame de rasoir. Son épouse le découvre à temps, alerte les pompiers. Il est sauvé, mais leur médecin, inquiet de l'hémorragie chez un homme plus tout jeune (il a soixante-six ans et demi), le fait transporter en clinique.

Prévenu, Francis Blanche prend de ses nouvelles toutes les heures au téléphone. Quand au bout de quelques jours il peut enfin le voir, il se précipite chez lui, près de l'avenue de Wagram, et lui propose immédiatement de venir se reposer à Èze-Village, au soleil de la côte d'Azur. Roger Pierre et Jean-Marc Thibault, en tournée à Nice avec Reda Caire, viennent aussi à Èze le jour de son arrivée. Dans la salle de bains de sa chambre, Pierre Dac découvre le plus beau des cadeaux de son ami : un rasoir électrique, avec cette phrase : « Pour ne plus jamais vous couper ! »

Toutefois, en juillet 1974, lorsque disparaît Francis Blanche, Pierre Dac, bien que submergé de chagrin, ne descendra pas à Èze pour l'inhumation. L'excuse de la fatigue du grand âge sans doute, mais aussi et surtout par pudeur extrême, pour ne pas garder en dernier souvenir cette image d'une pauvre boîte en bois ou d'une pierre tombale.

Ce décès prématuré de son « fils spirituel » précipitera certainement la dégradation de son propre état de santé. Il meurt, un peu plus de six mois plus tard, le 9 février 1975. Il avait quatre-vingt-deux ans.

Les débuts

Pour être le premier, il n'est pas nécessaire d'être plusieurs...

F.B.

Quand on est gosse, les autres se divisent en deux catégories. Il y a les grands, à partir de dix ans, et au-dessus de vingt ans, tous les vieux. Le monsieur dont j'entendais la voix dans le poste appartenait évidemment à cette dernière. Un vieux ! Dans les années 50, Francis Blanche était forcément un vieux. Après, j'ai grandi, je suis même devenu pratiquement un homme avec un foyer, un métier qui m'a donné l'opportunité de le rencontrer, et je me suis aperçu que cet homme, de vingt-cinq ans mon aîné, pouvait souvent m'en remontrer en matière d'infantilisme. Lui qui faisait aux enfants le reproche « d'être des futures grandes personnes » a plutôt accompli le parcours inverse.

D'adulte précoce, il est devenu un gamin éternel.

L'histoire commence en 1921, au mois de juillet, entre le 20 et le 21. Nous sommes à Paris et Germaine Blanche (née Montagucelli) met au monde un petit garçon qu'elle et son mari prénomment Francis. Louis Blanche, le papa, est comédien. Formé par André Antoine, le fondateur du « Théâtre libre », inspiré par le naturalisme à la Zola, c'est un acteur exigeant. Trop peut-être car, pour faire bouillir la marmite, il doit se résoudre à se commettre avec le cinématographe. Ce qui, à l'époque, pour certains puristes, relève encore (en 1921, l'image projetée n'a même pas vingt-cinq ans) au mieux du caprice, au pire de l'alimentaire, voire de la déchéance. Louis roule des yeux dans de nombreuses bandes. Il figure même dans plusieurs films de la star de l'écran, Max Linder. Mais il se cantonne, là comme sur scène, à des rôles secondaires. Toute sa vie, Francis aura l'impression d'une grande injustice. Pour lui, son père, qu'il fera souvent travailler dans ses créations, n'a jamais eu la carrière qu'il méritait.

Louis, réformé par l'armée, et Germaine se sont rencontrés vers la fin de la guerre de 14-18. L'arrivée de ce fils est une chance inespérée, car on leur a prédit l'incompatibilité sanguine. Pour Louis, ce prénom de Francis donné à leur fils est un hommage à son frère mort en bas âge. C'était le prénom choisi par son père, François, lui aussi comédien. (Il fut le créateur du rôle de Philéas Fogg dans l'adaptation théâtrale de la première superproduction du Châtelet, *Le Tour du Monde en 80 jours*, de Jules Verne). Ce qui autorisera Francis, plus tard, à déclarer : « Je vais parfois sur la tombe de mon oncle défunt, Francis Blanche... pour m'habituer... »

Le roman d'amour de Louis et Germaine devait s'achever hélas trop tôt. Le divorce est prononcé en 1929. De cette date, l'enfant – qui va maintenant à l'école communale rue Paul-Baudry dans le VIIIe – se partage entre deux foyers. Car les époux se sont vite consolés. Germaine s'est mise en ménage avec un sculpteur d'origine allemande qui la quittera quelque temps plus tard (en 1932), couvert de dettes, pour partir en Amérique du Sud, après lui avoir donné un fils : Marc.

Louis de son côté se remarie avec Catherine Varney, qu'il appelle Ketty. Le week-end, ils prennent Francis chez eux. Avec eux – et son cousin Yannick – il passe ses vacances en Bretagne. Catherine Varney est apparentée à Pierre Joseph Alphonse Varney, l'immortel auteur du fameux *Chant des Girondins*, adapté du *Chevalier de Maison-Rouge* (d'après l'œuvre d'Alexandre Dumas), dont le refrain dit : « Mourir pour la patrie, c'est le sort le plus beau... » et qui servit d'hymne aux révolutionnaires de 1848. Son fils, Louis Varney, est l'auteur d'une quinzaine d'opéras comiques et opérettes (dont *Les Mousquetaires au couvent* et *Fanfan la Tulipe*). Cette filiation d'adoption permettra à Francis Blanche de revendiquer sa vocation de saltimbanque. D'ailleurs, il écrit dès l'âge de onze ans (très inspiré par Ibsen, son idole) sa première pièce, malheureusement détruite depuis. « Mon véritable métier était d'écrire. [...] À la suite de quelques obscurs malentendus, je me suis retrouvé catapulté sur une scène et aplati contre un écran. Comme je m'y suis trouvé bien, j'y suis resté. Cela prouve la vanité du mot : vocation... »

En attendant, il exerce cette vocation auprès de sa famille et de ses amis à l'école, puis dans le secondaire. Pensionnaire au lycée Michelet, il terrorise les surveillants et ses professeurs et se fait renvoyer au prétexte qu'il « fait rire ses camarades durant les heures de cours et se montre incorrect avec ses maîtres »... Désespérés, ses parents l'inscrivent au lycée Charlemagne, rue Saint-Antoine à Paris. Là-bas, il se lie d'amitié avec deux futurs journalistes, Claude Grégory et Jean Bedel, devenu, entre autres, le M. Antiquités-Brocante de France-Info. Avec eux, il crée même une revue, *Le Grimaud*, où l'on retrouve des échos de la vie de l'établissement et des poèmes, mais surtout des critiques et des caricatures.

L'indiscipliné Francis Blanche est un puits de science, un petit surdoué. Il décroche même son bac avec mention en juin 1937, un mois avant ses seize ans. Il faut dire que depuis l'âge de onze ans, Francis dévore tous les livres qui lui tombent sous la main. Et quand il ne peut se les offrir, il les vole dans les boutiques. Ainsi, les archives du Bon Marché conservent la trace écrite de ses exploits. Surpris en flagrant délit au rayon librairie, il est obligé, sous la dictée d'un chef de service, de rédiger des aveux complets : « Je, soussigné Blanche Francis, reconnais avoir été arrêté par un surveillant à la sortie, un livre caché sous mon pull-over. Je l'ai dérobé parce que j'aime beaucoup les livres. Étudiant, je n'avais pas d'argent pour le payer. Je remercie la direction du magasin de ne pas me conduire à la police cette fois-ci et de ne pas le dire à ma mère. Je promets de ne plus voler de livres au Bon Marché. » Le procès-verbal n'exclut pas d'autres champs d'action... Et Jean Bedel se souvient qu'avec Grégory et Blanche il leur arrivait de voler des livres de classe (surtout des dictionnaires grecs et latins) pour les revendre chez Gibert Jeune et se procurer ainsi de l'argent de poche. Il en gardera toujours un grand respect pour la chose écrite.

Toujours est-il que, son diplôme en poche, Francis ne veut plus poursuivre ses études : « Si j'ai passé mon bac à quinze ans et demi, c'était pour me débarrasser, au plus vite, de mes profs, je n'étais jamais d'accord avec eux... » Malgré les encouragements à continuer dans la voie universitaire, ce que feront ses copains, il veut travailler le plus vite possible pour aider sa mère qui élève seule son demi-frère. Le monde où évolue son père, devenu en 1934 directeur de l'Alhambra, un grand music-hall populaire près de la place de la République (démoli vers la fin des années 60), l'attire. Il rêve d'écrire pour le théâtre, de s'y produire comme à la radio, dont il est aussi un auditeur passionné. Sur le récepteur de TSF que lui a offert son père, il écoute surtout les émissions du Poste parisien, où officie un certain Pierre Dac qui le fait mourir de rire et dont, chez son marchand de journaux, il ne rate aucune parution de *L'Os à moelle*. Cette nouvelle forme du rire, cette loufoquerie venue d'outre-Atlantique déplaît souverainement aux anciens, mais lui conviennent parfaitement. Il réussit (grâce à papa) à rencontrer son idole au sortir d'un enregistrement dans les studios de la station (aux Champs-Élysées, près du cinéma Normandie) et lui propose l'un de ses textes, *Crème de pistache.* Mais Pierre Dac ne cherche pas de nègre et l'éconduit gentiment mais fermement. Il lui faudra encore quelques années pour travailler avec le grand Pierre. Ce n'est que partie remise.

En attendant, il se résout à suivre les conseils familiaux. « Puisque tu veux entrer dans le monde du spectacle, il faut d'abord apprendre », et Papa Louis le présente à Catherine Fontenay, une parente de sa nouvelle famille. Sociétaire de la Comédie-Française, elle dispense son savoir auprès des jeunes gens guignant le Conservatoire. Ses cours d'art dramatique se déroulent dans les caves d'une poissonnerie, propriété d'un admirateur de la théâtreuse. Parmi les élèves, le futur sociétaire du Théâtre National (et complice en délire de Francis) Jacques Charron, ou Sophie Desmarets.

Le jeune Blanche se lie surtout alors avec une demoiselle Jacqueline Cartier. Avec elle, il présente à l'examen de la prestigieuse école nationale un extrait d'une pièce de Marivaux. Elle sera reçue –

pas lui – et connaîtra surtout la gloire après-guerre, en devenant la fille de Ded Rysel dans la célébrissime émission de Radio-Luxembourg : *La Famille Duraton* (une reprise, à partir de 1948, du succès de Radio-Cité dans les années 30). Dans cette série qui durera jusqu'aux années 60, elle se trouve être aussi la sœur de Jean-Jacques Vital (le producteur de l'émission) et la fiancée du gaffeur-parasite de service : Jean Carmet. Délaissant la comédie, Jacqueline Cartier deviendra journaliste, et surtout l'une des responsables du service Spectacles de *France-Soir* à la grande époque de Pierre Lazareff. C'est elle qui, dans ce grand quotidien du soir, rapportera qu'au faîte de sa gloire Francis, un soir, découvre à la *Brasserie Lipp* Catherine Fontenay devenue une vieille dame, attablée devant une énorme choucroute. Surpris, il s'arrête, la salue et, vaguement inquiet, lui demande : « Mais vous n'avez pas peur que ce soit un peu lourd pour le dîner ? » Et l'autre, malicieuse, lui rétorque : « Vous savez, celle du déjeuner est fort bien passée. »

Pour revenir à ses débuts, il faut reconnaître que Francis Blanche montre peu d'assiduité dans ses études théâtrales. Déjà, en homme pressé, il veut entrer le plus vite possible dans la vie active. Il écrit des quatrains, des bouts rimés, ce qu'on nomme alors des fables express, très en vogue auprès du public des boîtes de chansonniers. « Il y avait les *Fables* de La Fontaine, moi c'est les fables du robinet... » Un peu dans le style de Franc Nohain – père de Jean Nohain, alors surtout connu comme le coauteur des chansons de Mireille ou de Jean Sablon et l'un des premiers animateurs de radio (Radio Paris en 1925).

Francis écume les cabarets et propose ses créations pour des sommes dérisoires. Vers la fin de l'année 1938, il passe une audition, rue de Tilsit, non loin de la place de l'Étoile, au *Rendez-vous*, un club huppé. Le directeur cherche des remplaçants pour Noël car nombre de ses artistes se produisent à travers la France pour des cachets plus importants. Francis se retrouve engagé « à l'essai » et débute sur la minuscule scène du lieu, le 24 décembre 1938. Il a dix-sept ans et demi. Tout fier du titre de « plus jeune chansonnier de France », il passe derrière les danseuses, les illusionnistes, les antipodistes, entre deux « plop ! » de bouchons de champagne, dans le brouhaha des conversations. Ses prétendus traits d'esprit sont salués par des applaudissements indifférents mais polis. Rançon de réveillon...

Pourtant, Francis y croit. Il s'accroche. Insensible au peu d'intérêt que continuent de lui montrer les spectateurs. La période des fêtes se termine, les jours passent et on le garde. Mais l'attitude du public persiste. L'un de ses collègues l'observe, revenant un peu déprimé après son numéro dans la pièce qui leur sert de loge, rigole et lui lance : « Alors, ça rentre le métier ? Faut t'y faire, mon petit, c'est toujours comme ça ici. N'oublie pas que tu n'es là que pour justifier les prix élevés. Ne te fais pas d'illusions, c'est dur mais profite pour apprendre... Ne crois jamais que c'est arrivé... Attends que ça vienne. Le jour où tu entendras le silence, t'auras gagné... »

Francis Blanche, ce soir-là, apprend l'humilité. Mais aussi qu'il lui faudra tenter de se surpasser pour parvenir à ce qu'on l'écoute.

Et les semaines passent. Il ne sait pas pourquoi mais, depuis quelques mois, il a l'impression que le bruit de fond diminue. Une fois même, le « vieux » lui a glissé un « Tu vas y arriver... » ou quelque chose d'approchant. Son avenir s'éclaircit. Le patron lui a proposé un vrai contrat. Décidément, cette année 1939 s'annonce décisive. Qui sait, peut-être parviendra-t-il à décrocher d'autres engagements...

Mais la paix qu'espéraient tant les signataires anglais et français des accords de Munich, à l'automne précédent, tardait à s'établir. À l'Est, un petit homme, avec une mèche et une drôle de moustache, en avait décidé autrement. En mars, ses troupes achèveraient l'annexion totale de la Tchécoslovaquie. En avril, Mussolini s'élançait à l'assaut de l'Albanie, sans inquiéter autrement les alliés occidentaux. Même en juillet-août, il n'était toujours pas question pour eux de mourir pour Dantzig. Mais les premières mesures de mobilisation partielle débutaient.

La situation n'encourage guère aux distractions et, les dernières semaines, Francis constate, malgré ses supposés progrès, une désaffection progressive de l'auditoire. Sur l'affiche, à une cadence de plus en plus rapprochée, les noms changent, ou se retrouvent couverts d'autocollants blancs. Même un jongleur est un appelé en puissance. Cet été-là, le cabaret doit fermer ses portes. Il n'y aura pas de nouvelle saison. Le 1er septembre, les nazis envahissent la Pologne. Le 3, enfin, les Anglais et les Français se décident à répliquer et déclarent la guerre. Tout ce qui est en âge de porter les armes doit rejoindre les casernes. Francis, âgé de dix-huit ans à peine, en est encore dispensé.

Inquiète pour ses enfants, Germaine décide de s'éloigner de la capitale. Elle ordonne à Francis de les accompagner, elle et Marc, dans un prudent exil normand. Évidemment, il renâcle, argue de son nouvel emploi. Mais en 1939, même en cas de guerre, la majorité légale reste fixée à vingt et un ans. Et Germaine sait se faire obéir : Francis doit céder et accompagner sa mère et son demi-frère dans une maison de famille à quelques kilomètres de Caen. Mauvaise donne. Avant même que la smala ait fini de s'installer, il faut reprendre la route. La défaite prévisible oblige la population du nord de la Loire à refluer devant l'avance ennemie. L'exode jette des milliers de personnes sur les chemins, dans un désordre total qui comble Francis d'aise.

En juin 1940, il profite de ce tohu-bohu pour échapper à la férule maternelle et s'enfuir, à vélo, vers le sud. Il pousse jusqu'à Tarbes et, pour survivre, parvient même – la presse manque de bras – à se faire engager comme rédacteur à l'hebdomadaire *Le Semeur des Pyrénées*. Sa carrière journalistique durera peu. En novembre 1940, l'armistice bien établi, le voilà de nouveau dans la capitale. Il y retrouve son père et quelques-uns de ses amis. Le « monde du spectacle », comme toutes les corporations, paraît plus clairsemé. Et il l'est. Il y a ceux, morts au combat, qui ne reviendront plus, ceux qui reviendront plus tard, après les camps de prisonniers, les rares qui ont fui et puis tous ceux que leur confession religieuse écarte, dès juillet 1940, de la scène et de l'écran.

Comme les autres activités – industrielles ou commerciales –, celles de la distraction redémarrent. C'est dans les périodes pénibles, tristes, qu'on a le plus besoin de s'amuser, de rire. La demande se fait de plus en plus pressante, tant celle des habitués parisiens que celle des occupants. Et puis, raison universelle, « il faut bien manger ». Les établissements publics rouvrent leurs portes, malgré les restrictions de toutes sortes qui iront en s'accroissant.

Justement, l'une des relations amicales de Louis Blanche se trouve être Jean Rigaux, qui recrute pour un cabaret de la rue de Galilée (à la frontière entre le VIIIe et le XVIe arrondissement) : *Le Triolet.*

Pas question bien sûr de retrouver la verve ou l'œil critique vachard des chansonniers d'avant la drôle de guerre. La censure allemande rôde et ses serviteurs zélés, fonctionnaires de l'État français ou ardents collaborateurs, se font une joie d'expliciter les subtilités de notre langue qui auraient pu échapper aux « maîtres » nazis. Donc, le répertoire « soft » de Francis Blanche – ses fameuses fables express – convient parfaitement.

Époque oblige, il se produit sur plusieurs scènes peu enclines à risquer des ennuis avec les autorités du moment. Entre autres, celles des salles de cinéma où, comme il est alors de coutume, on offre une ou des attractions à l'entracte.

Pierre Canavaggio l'a connu dans ces années sombres. Môme de quatorze ans, lycéen à Janson-de-Sailly, il colle les affiches d'un cinéma en échange de quelques sous et d'une place au balcon. Francis le fascine avec des « œuvres » du genre : « La cuite au prochain numéro » et surtout ce qui le secoue d'un rire incontrôlable : « Pour complaire à sa mère, l'enfant sur son pot s'efforçait. Moralité : le petit poussait... »

Bon, ce n'était pas encore digne de l'Académie, mais ça valait bien les Grosses Têtes d'aujourd'hui. En tout état de cause, ça plaît au public et Francis s'enivre de plus en plus souvent d'applaudissements.

1942 le consacre parmi les amuseurs de l'instant. Son tour s'améliore, son métier se confirme, sa notoriété s'accentue. On peut maintenant le voir dans plusieurs établissements « de soirée » (et non plus de nuit, couvre-feu oblige), comme *Chez Bastia*, boulevard de Clichy, ou *Chez Carrère*, le club chic de la rue Pierre-Charron que fréquente assidûment Sacha Guitry.

C'est *Chez Carrère* d'ailleurs que ce dernier choisit de réveillonner avec ses amis en décembre 1942. Il leur compose – en temps de restriction – pour cet événement le menu suivant : « Poisson éventuel, rôti présumé, volaille prévisible, légumes vraisemblables, salade possible, dessert hypothétique, fruits probables, café admissible. Vins : bleu, blanc, rouge et cigarette individuelle. »

Sur scène, l'imitateur vedette de l'époque, Maurice Teynac, dont la parodie de Guitry reste l'un des moments forts de son récital. La « victime » « âdôre » ! Il y a aussi le « fantaisiste » Yves Deniaud (futur Leguignon lampiste du Tribunal sur Radio-Luxembourg, à partir de 1947) et, entre autres, la chanteuse d'opérette débutante Mado Robin.

Francis Blanche, en vrai pro, a endossé un costume que le critique de *Gringoire* (un brûlot culturel d'extrême droite) décrit comme un « costume de collégien anglais ». Ce qui, lorsqu'on connaît la haine anglophobe des plumitifs de la presse collaborationniste, n'annonce pas une salve de compliments mais voue plutôt au peloton d'exécution. Pourtant, le fond du spectacle agrée au délateur de service. À vrai dire, le costume en question provient de la garde-robe de Jean Meyer, comédien du Français – sollicité amicalement par sa consœur Catherine

Fontenay. L'acteur s'en sert, entre deux tragédies, dans les galas où il se livre à sa passion : l'illusion et la prestidigitation. Un élément de sa panoplie de magicien !

En dépit des grincements de dents des ultras, Francis aime beaucoup l'ambiance intime de *Chez Carrère.* Il y reviendra souvent.

Mais voilà que sa renommée nouvelle l'entraîne sur les routes, en tournée, entre autres avec l'idole de toute une génération à peine sortie de l'adolescence et soudainement sevrée de rythmes américains : Charles Trenet, rencontré au *Bœuf sur le toit.* Leur itinéraire est jalonné de triomphes (surtout, il faut le reconnaître, pour celui que l'on désigne comme le « Fou chantant »). Ce qui n'empêche pas les scribes de la presse aux ordres des Allemands d'attaquer violemment l'artiste, dont la vie, les mœurs, les rythmes, d'après eux, attentent à l'effort des nouveaux chefs pour redresser la « France avachie » et même à la purification de la « race ». Dans l'une de ces feuilles *(Je suis partout),* un « spécialiste » de la question juive n'hésite pas à dénoncer le chanteur comme « israélite » (ces gens étaient polis même si les conséquences de la délation étaient atroces). La preuve, avance-t-il, Trenet est l'anagramme de Netter, il serait petit-fils de rabbin. Pour continuer sa carrière, Trenet devra faire la preuve de son « aryanité ».

Francis Blanche, honteux de l'humiliation contenue dans cette démarche, en gardera une haine viscérale pour toutes les formes de racisme et d'antisémitisme. Bien après cette période noire, vedette à son tour, il n'hésite pas à gifler un automobiliste qui le traite de « sale juif! ». L'autre, douloureusement surpris, lui demande : « Parce que vous êtes juif? » Francis, encore plus agacé, lui répond : « Même pas », et quand son adversaire a l'audace de rétorquer, étonné : « Ben alors, pourquoi ? », la réplique, chez cet homme de mots et d'esprit, ne se fait pas attendre : un aller-retour sonore encore plus violent.

Mais en cette année 1942, au contact de Trenet, Francis change. Il paraît s'ouvrir, se livrer, aborder l'existence avec une nouvelle philosophie. Durant les longues heures de train (la circulation automobile alors est des plus réduite), ils discutent évidemment des difficultés de la vie quotidienne – même pour une vedette – mais aussi et surtout d'une nouvelle passion découverte récemment par Francis : l'écriture de chansons.

De leurs pérégrinations ferroviaires naissent plusieurs textes dont deux petits chefs-d'œuvre : *Sur le fil* et surtout le remarquable *Débit de l'eau, débit de lait*, avec les aventures du beau Boby et de la belle Babée dans leur boutique respective : « La première n'est pas sympathique, mais la seconde en revanche où l'on vend du lait l'est. »

La légende veut que l'idée leur en soit venue dans un train vers Lille ou dans un tramway à travers les rues de la capitale du Nord. Je dis la légende parce que les souvenirs en ce domaine restent plutôt confus. Francis n'aimait guère jouer les anciens combattants et Charles Trenet, de son côté, n'a jamais fait étalage de ses créations. En cela, les deux hommes partagent la même discrétion.

Plus tard, Francis confiera : « Charles Trenet, mon ami, mon maître, représente pour moi tout ce qu'il y a d'admirable et de poétique, dans la chanson en particulier, et en général dans ce métier décevant et grossier qu'est le music-hall. »

L'habileté de Francis à tricoter des mots sur des notes de musique l'amène à rencontrer l'un des papes de l'édition musicale française, Paul Ganne, patron des Éditions Chapell. Paul Ganne, fils du compositeur Louis Ganne (auteur, entre autres, de *Hans le joueur de flûte* et surtout de la célèbre *Marche lorraine*), dirige une société d'origine américaine. Alors que tout ce qui vient des États-Unis (en guerre contre les puissances de l'Axe) est proscrit, y compris la musique. Il faut produire allemand, italien ou à la rigueur français.

Ce nouveau prodige de la chanson l'intéresse. Paul Ganne sera à la base d'une des rencontres les plus importantes dans la vie de Francis, celle du musicien Gérard Calvi. Derrière ce pseudonyme se cache un garçon de quelques mois plus jeune (il est né en 1922), Grégoire Krettly. Pour assurer ses études musicales classiques d'harmonie et de composition au Conservatoire, ce futur Grand Prix de Rome tape sur un piano dans les locaux de l'éditeur. Là, il joue les nouveautés maison à la demande des interprètes en quête de matériel et les accompagne dans leurs essais. D'après Calvi, leur première chanson avait pour titre *Grand-Mère fait le ménage.* Francis et Gérard ne se quitteront plus et, ensemble, ils en écriront plusieurs centaines.

Gérard deviendra aussi son pianiste et chef d'orchestre pour des galas et des passages au cabaret et au music-hall. Même si, à partir de 1943, le STO (Service du travail obligatoire) voudrait bien les expédier, comme de nombreux jeunes gens, outre-Rhin.

Toujours en 1942, Francis débute aux côtés de son ami Charles Trenet dans *Frédérica* de Jean

Boyer (avec Elvire Popesco, Jacqueline Gauthier, Maurice Baquet, etc.). Et son père, Louis Blanche, joue au théâtre de la Gaieté-Lyrique avec Jacqueline Claude une opérette d'Henri Goublier, *Carnaval*, dont, malheureusement, la seule bonne critique sera décernée aux décors et aux costumes !

Heureusement, 1942 sera aussi l'année de sa rencontre avec une jeune chanteuse qui se produit sur scène avec sa sœur dans un numéro intitulé « Les Sœurs Fontaine ». Édith deviendra sa première épouse en 1943 (Claude Grégory, son ami d'enfance, prend l'autre sœur pour femme).

Si 1942 fut une consécration, 1943 est un couronnement. Et pas seulement dans le domaine de sa vie privée (déjà très agitée).

À la Radio nationale, on le charge de présenter un gala de variétés au profit des œuvres de la Croix-Rouge. Il remplace là au pied levé un certain Pierre Cour, malade, qu'il retrouvera sur les ondes après-guerre.

Henri Contet, l'un des proches d'Édith Piaf, le pousse à se présenter au concours des Espoirs du music-hall, organisé par l'ABC, une salle des Boulevards (transformée dans les années 60 en cinéma, puis... en fast-food !). Il joue, il chante, fait le pitre, se voit décerner le premier prix et, pour récompense, décroche un contrat lui assurant une petite place en première partie d'un spectacle où triomphent Maurice Teynac et Suzet Maïs.

Ce sont là ses premiers succès « populaires », « grand public » comme on dit aujourd'hui.

Ça ne l'empêche pas de se produire également dans les cabarets à l'audience plus restreinte. Ses fables portent des titres étranges : *Le Peigne cassé*, *La Puce et la Mite*, *Le Robot et le Cornard*, etc. Au premier abord, cela surprend un peu ; cela n'empêche pas le jugement bienveillant du rubricard spécialisé de l'hebdomadaire *Comœdia* – habituellement partisan d'une plus grande orthodoxie – qui écrit : « Au cabaret *Les Optimistes*, le jeune Francis Blanche [...] donne à entendre des fables malicieuses très modernes de sujets, bien que nourries de bonne sève classique. »

Dans le domaine de la chanson, Francis Blanche se distingue également avec l'un des grands succès du jazz à la française de l'année : *Y a du swing au village*, sur une musique de Jean Solar, chanté par Josette Daydé, et en écrivant les paroles du *Crépuscule en mineur* de Django Reinhardt.

C'est en 1943 également qu'il tombe sous le charme d'une des « stars » de la chanson : Édith Piaf.

Chansons, cabarets, music-halls et poésie

Lorsque Henri Contet évoque le nom de Francis Blanche devant Édith Piaf, celle-ci tout de suite tend l'oreille : « Francis Blanche, le type qui a écrit *Débit de lait*... avec Trenet. Oui, il est drôle, mais je ne vois pas ce que ça a à voir avec moi... Je chante pas tellement ça ! Enfin, puisque tu insistes, dis-lui de venir me voir... »

Et Contet recontacte Francis rapidement.

Aussitôt, coup de téléphone à Gérard Calvi : « On a rendez-vous cet après-midi avec Édith Piaf ! ! ! »

Et voilà les deux jeunes gens en route vers le « bureau » d'Édith Piaf.

De 1942 à 1944, le « bureau », en fait l'appartement d'Édith, se trouve rue de Villejust (devenue rue Paul-Valéry) dans le XVIe arrondissement de Paris, entre l'avenue Foch et l'avenue Kléber, au dernier étage d'un bordel, *Chez Madame Billy*.

À l'époque – avant la loi Marthe Richard en 1945 – les maisons closes sont très ouvertes et, pendant qu'Édith les reçoit, les pensionnaires se dépensent sans compter – à part leurs honoraires – avec les honorables clients. La rue Lauriston, siège de la Gestapo, n'étant pas loin, ce sont principalement des officiers nazis et des truands français – la bande Bonny-Lafont – qui sont leurs commensaux.

Leur présence inquiète bien les deux réfractaires au STO, mais Piaf rit en avouant : « Tant que j'entends leurs galipettes, je sais où ils se trouvent et, pendant ce temps-là, ils risquent pas de nous ennuyer... Alors, Henri m'a assuré que vous avez une chanson pour moi... »

Calvi s'installe au piano.

Francis et Gérard ont eu à peine de temps de répéter : Blanche lui a téléphoné à 11 heures le matin même pour un rendez-vous à 2 heures et demie.

Comme il en a l'habitude, Francis a susurré une vague mélodie tristounette que Gérard, en bon musicien, a mise en forme sur des paroles approximatives qui racontent l'histoire d'un type amoureux d'une certaine Isabelle et qui se jette d'une tour où on le retient prisonnier.

Ça donne :

Le prisonnier de la tour
S'est tué ce matin,
Grand-mère,
Il s'est jeté de la tour
En me tendant les mains,
Grand-mère,
Nous n'irons pas à la messe
Demain...
[...]
Si le roi savait ça Isabelle,
Etc.

Piaf se la fait chanter par Gérard (« Tais-toi le môme », dit-elle à Francis) deux ou trois fois. Change deux ou trois strophes, deux ou trois mots, et l'accepte. Mais elle la garde dans ses tiroirs et ne l'enregistre qu'en 1948. *Le Prisonnier de la tour* devient l'un de ses grands succès d'après-guerre.

Déjà Francis Blanche, pour assurer les frais du ménage avec Édith Fontaine, fabrique trente-six choses à la fois, et pour lui la chanson n'est qu'accessoire. D'après Gérard Calvi, dans ces années-là, il est obsédé par l'art lyrique et rêve d'écrire un opéra. « Il me tannait avec ça, ou alors il me bassinait avec son envie d'être comédien. Le

" grand " comédien de sa génération... En attendant, il fallait marner et il acceptait toutes les propositions... »

Le début de l'année 1944 le voit à *L'Amiral*, un cabaret rue Arsène-Houssaye, près de l'Étoile.

C'est là qu'il devient copain avec un autre débutant. Un Normand débarqué de sa campagne et qui en joue habilement. André Raimbourg, dit Bourvil, que l'affiche baptise « fantaisiste paysan, le plus jeune comique français », alors qu'il a quatre ans de plus que Francis!

Et puis Francis sort beaucoup, boit dans les hôtels où Gérard Calvi joue du piano-bar. Il lui réclame des airs américains et, comme ils sont interdits (il faut jouer français scrongneugneu!...), il francise les noms des jazzmen US. C'est ainsi que Benny Goodman, par exemple, devient Bernard Bonhomme ou Glenn Miller, Gérard Meunier, etc. Le pire, bien sûr, étant lorsque ces artistes sont juifs ou noirs! « Où va la Révolution nationale du Maréchal et l'admirable amitié franco-allemande? »

Tard dans la nuit, les amis se réfugient – attention au couvre-feu – dans le minuscule studio de Francis et d'Édith, rue de la Félicité dans le XVIIe, entre la place de Wagram et le pont Cardinet. Là, ils refont le monde devant un plat de nouilles préparées par leur hôte, en évitant de réveiller le prisonnier évadé et résistant Claude Grégory, caché derrière un sofa.

Et puis voici qu'une tournée l'emmène, avec Édith, à travers la France. Gérard Calvi ne peut pas les suivre, retenu par ses études. D'autant plus que certains jugent d'un mauvais œil son incursion dans la variété ! La chanson, pouah, quelle déchéance...

Soudain, les émissions françaises de la BBC, avec un vers de Verlaine « Les sanglots longs des violons... », annoncent le débarquement allié. Inquiet, Francis renvoie Édith, enceinte, à Paris. Lui continue. Le voici en Bretagne, à Rennes, juste en même temps que les Forces françaises libres et les GI américains. Et grâce à eux il va découvrir un nouveau domaine : la radio.

Le personnel de Radio Rennes [1] (le France 3 de l'époque) s'est trop compromis avec l'occupant, et les résistants épurent la station. Qui peut animer la nouvelle antenne ? « Y a bien un artiste en ville, un gars venu de Paris, un certain Francis Blanche. Il est pas mouillé avec les Fritz... »

Francis est bombardé lieutenant FFI et directeur de Radio Rennes libérée, installé à l'arrière

1. Qui diffusait alors la station allemande Radio Paris, avec quelques décrochages.

d'un GMC (un gros camion américain). Du camion-studio, il fait tout : les programmes, les informations...

Ça lui plaît, il continuerait bien mais Édith doit accoucher bientôt et ça se présente mal. Alors il décide de rendre ses galons (à titre provisoire) et de la rejoindre au plus vite.

La perte de cet enfant tant désiré cause un tel choc à Francis qu'il va provoquer chez lui un dérèglement déclenchant, développant ou révélant son diabète. Le jeune homme mince s'arrondit, gagne plusieurs kilos. Sa petite taille accentue encore son aspect « petit pot », dont il semble être le premier à plaisanter. Il se console en affirmant qu'à présent il ne peut plus tout miser sur son physique et qu'il lui faut « oser l'intelligence » ! Ça fait rire les autres mais on verra qu'en fait il en souffrira toujours.

Pour l'instant, dans cette France qui se libère mais pourtant n'en a pas encore fini avec la guerre, on cherche à oublier les années noires. De nombreuses vedettes de la scène, de l'écran ou du disque doivent s'expliquer sur leurs relations avec les Allemands, leurs privilèges, leurs passe-droits, alors que d'autres, anonymes, souffraient, se privaient, se cachaient. La délation fonctionne à rebours. Des interdictions d'exercer frappent les compromis aussi bien que les imprudents ou les malchanceux.

Le public recherche des nouveaux noms, des nouveaux talents. Dans tous les domaines. Francis Blanche a vingt-quatre ans, il ne s'est jamais fait remarquer avec les vert-de-gris, loin de là. Sa renommée naissante auprès du grand public et sa réputation grandissante auprès des professionnels le désignent tout naturellement. Les interprètes, les éditeurs le savent : il est capable de torcher une « bonne » chanson en quelques minutes sur le coin d'un piano.

Malheureusement, son complice n'est plus là. À l'arrivée des chars de Leclerc à Paris, Gérard Calvi s'est engagé dans la 2e DB. En raison de ses problèmes de santé, Francis ne peut le suivre vers l'Est. Ils ne se retrouveront que la paix définitivement revenue (mai 1945). En attendant, Francis Blanche travaille avec un autre jeune compositeur, Henri Leca, et aussi avec l'ancien partenaire de Charles Trenet, Johnny Hess.

Surtout, il ose devenir l'un des premiers auteurs d'adaptations de chansons étrangères, et principalement américaines. Une activité que l'on considérait peu noble avant le conflit mondial et dont on avait perdu l'habitude pendant l'Occupation (mis à part les airs allemands ou, un temps, italiens). Même maintenant, alors que la jeunesse privée de rythmes américains aspire à écouter en version française les succès venus, comme leurs libérateurs, d'outre-Atlantique, certains créateurs considèrent que ce travail d'adaptateur est indigne d'eux.

Francis Blanche, lui, n'hésite pas.

Et son coup d'essai se révèle un coup de maître. En 1944, il signe les paroles françaises d'un des premiers grands triomphes musicaux « post-libération » : *Le Gros Bill*, popularisé par la formation la plus fameuse de cette fin d'année, l'orchestre de Jacques Hélian, ses musiciens, ses chanteurs dont Ginette Garcin, Jean Marco, un jeune fantaisiste qui deviendra aussi une vedette de la radio, Zappy Max, et le trio des Hélianes ! C'est là l'un des titres les plus demandés, avec *Fleur de Paris*, au Disque des Auditeurs sur les antennes nationales.

Parmi les plus de six cents chansons de Francis Blanche figurent plusieurs dizaines, plusieurs centaines de ces adaptations.

Les citer toutes serait quelque peu fastidieux, mais on trouve, au fil des années, les textes français de *Frenesy*, *Besame mucho*, *Drinking Rhum and Coca-Cola*, *Jingle Bells (Vive le vent)*, *Plaine, ma plaine*, *White Christmas (Noël Blanc)*, *Stranger in*

Paradise (Étranger au Paradis, le premier succès – sur une musique de Borodine – de Gloria Lasso, également chanté par Dario Moreno), *My Darling Clementine*, *Davy Crockett*, *Les Cloches de Lisbonne* par Amalia Rodrigues et même, à l'époque du yé-yé triomphant, *Somewhere* devient, grâce à lui, *Je sais qu'un jour* chanté par les Surfs !

Pour en revenir à l'immédiat après-guerre, son exploit dans la chanson reste l'écriture de l'indicatif de l'émission du Programme parisien de la Radiodiffusion nationale : *On chante dans mon quartier.*

En novembre 1945, l'éditeur et compositeur Rolf Marbot reçoit une commande, une ritournelle qui doit introduire le nouveau rendez-vous quotidien de midi de la station. Une sorte de crochet radiophonique, réalisé depuis les places de quartiers de la capitale. Des amateurs doivent interpréter les succès du moment pour bien montrer que la vie reprend ses droits et que, malgré les difficultés, les restrictions, la joie de vivre des Français n'a pas disparu.

La demande est pressante car l'émission doit débuter à l'antenne début décembre. Affolé, Marbot, qui travaille ce jour-là avec Francis (il lui arrive même souvent de l'enfermer pour l'obliger à terminer), se tourne vers le jeune auteur et, à tout hasard, lui demande : « Dis donc, t'aurais pas l'idée d'un truc facile, qui puisse être repris en chœur, du genre Ploum Ploum Tra La La... ? »

Francis rigole, s'assied, s'empare d'un stylo et d'une feuille de papier, et il écrit. Le 5 décembre, accompagné par l'accordéoniste Louis Ferrari, l'animateur Saint-Granier entonne :

On chante dans mon quartier,
Le jour tout entier,
De vagues romances.
On chante dès le matin,
Quand un air s'éteint,
Un autre commence
[...]
Partout des caves aux greniers
Tous les jours on chante
Dans mon quartier.
Pourtant, j'vous jure que dans mon quartier
En s'éveillant certains jours
On a le cœur un peu lourd...
Mais c'est la vie qui r'prend le dessus
On s'dit qu'au fond, tout n'est pas perdu...
(Ensemble et tout le monde chante)
Ploum Ploum Tra La La
Voilà c'qu'on chante
Ploum Ploum Tra La La

Voilà qu'on danse
Ploum Tra La La
Voilà qu'on chante
Voilà qu'on danse
Comme ça...

Et chaque jour ils sont des centaines, des milliers dans la rue à reprendre en chœur le refrain, encouragés par Saint-Granier, surnommé le Marquis, et ses acolytes : Georges Gosset (dit Troubadour) et François Chatelard (Baladin). Les anciens se souviennent de la signature :

Troubadour vous dit bonjour,
Baladin vous salue bien,
Et le Marquis vous embrasse aussi !

En quelques minutes, les trois compères testent les concurrents.

Le public vote avec un mystérieux appareil, très en vogue jusque dans les années 60 : l'applaudimètre.

Les finalistes se départageront le dimanche matin, au studio (aujourd'hui disparu) de la rue de Washington.

L'idée, toute simple, sans vedette, fait un tabac. Dès que les techniciens montent sur le podium, la vie s'arrête net dans le quartier. Les gagnants ont droit à des défilés triomphants dans les rues noires de monde. Des commerçants leur offrent des cadeaux, des tournées gratuites. Il est impossible, aujourd'hui où à Paris cette vie de quartier a disparu, d'imaginer l'engouement, l'enthousiasme que suscite l'entreprise. Il faut voir les photos de l'époque pour y croire.

La RDF profitera de cette popularité durant cinq ans...

À peine retirée du programme de la radio d'État, la production est reprise par Radio-Luxembourg (l'ancêtre de RTL) et, dès 1950, à la même heure, simplement rebaptisée « Ploum Ploum Tra La La » avec, bien sûr, le même indicatif.

Un indicatif ouvre et ferme une émission. Si l'émission est quotidienne (y compris le dimanche), cela fait quatorze passages par semaine ! Évidemment, les droits payés par la Sacem (Société des auteurs, compositeurs et éditeurs de musique) sont en conséquence.

Très vite, Francis Blanche engrange les bénéfices. Et pas seulement financiers. Car, à présent, on se l'arrache chez les éditeurs et les producteurs de radio.

C'est d'ailleurs lors d'une visite en 1946 à Radio-Monte-Carlo qu'il découvre, avec Édith, le village haut perché d'Èze (au-dessus de Monaco) et la maison – grâce à un déjeuner dans le restaurant voisin, *Le Nid d'aigle* des frères Brogna – dont il restera toute sa vie fou amoureux.

Francis Blanche, auteur de chansons, fait feu de tout bois, surtout que le soldat Calvi est revenu de guerre. Or Gérard connaît un type complètement dingue pour qui il écrit la musique d'un nouveau spectacle et à qui il voudrait le présenter. Un bon repas arrange tout. C'est ainsi que Francis fait la connaissance de Robert Dhéry.

Francis et Gérard le convainquent de transformer la revue *Sketches et musique* qu'il prépare en véritable comédie musicale dont Blanche écrira les paroles des chansons.

Le 20 avril 1948 a lieu, au théâtre La Bruyère (dans le IXe arrondissement), la première des *Branquignols*.

Calvi avait raison : Dhéry est « complètement dingue ». Plus même. Avec Blanche, cela devient du délire :

Branquignol, Branquignol,
C'est la chanson folle...
Branquignol, Branquignol
C'est la farandole...

Le prétexte : la fête au village, avec un gala de bienfaisance par des amateurs maladroits, au bénéfice de l'association La Goutte de vin (allusion à l'œuvre charitable bien réelle : La Goutte de lait). Confusions, quiproquos, maladresses, manque d'expérience ou de talents conjugués : tout dégénère. Un vent de folie souffle sur Paris. On n'a jamais vu ça.

À l'affiche, une bande d'amis plus déjantés les uns que les autres : Micheline Dax, Pierrette Rossi, Rosine Luguet, Christiane Minazzoli, Annette Poivre, avec, bien entendu, Raymond Bussières, Jacques Legras, Christian Duvaleix, Pierre Olaf, René Dupuy (le futur directeur du théâtre Grammont, à présent fermé), Jean Carmet, plus ahuri que jamais, joue du tambour, etc. Sans oublier Robert Dhéry lui-même, mais sans Colette Brosset... qui accouche, ce soir de première, de sa fille.

Francis Blanche, lui, est en pleine répétition dans un autre théâtre : les Trois-Baudets, où il doit présenter un numéro avec Édith Fontaine, et partager l'affiche avec Maryse Martin, Jacqueline François, Francis Lemarque, Rose Mania, Jean-Roger Caussimon, les Compagnons de la Route (qui se rebaptiseront les Quatre-Barbus), avec l'ami Henri Leca au piano.

La salle est un drôle d'endroit, que vient d'ouvrir un étrange personnage, dont l'influence dans la chanson a été et reste prépondérante : Jacques Canetti. Ce dernier a débuté, vers la fin des années 20, comme coursier-homme à tout faire pour la firme de disques Polydor. En 1930, la société aimerait profiter du passage à Paris de l'actrice et chanteuse allemande Marlene Dietrich, dont les premiers films, *Morocco* et *L'Ange bleu*, viennent de sortir sur les écrans de la capitale, pour l'inciter à venir enregistrer dans ses studios.

Mais qui lui envoyer pour réussir à la convaincre ?

Ce jour-là, on ne trouve que le petit Canetti pour savoir parler allemand. Va pour Canetti... Ce sera sa chance. C'est même lui qui dirigera les séances de prise de son. Polydor apprécie le nouveau directeur pour l'international. Canetti, entre autres, sera le premier à faire venir à Paris des gens comme Louis Armstrong ou Duke Ellington. Il semble connaître si bien ce domaine qu'il se retrouve bombardé spécialiste du jazz au Poste parisien. C'est lui aussi qui fait enregistrer à Édith Piaf son premier disque.

En 1936, il devient directeur artistique de la première grande radio populaire : Radio-Cité.

En 1940, l'arrivée des nazis le force à quitter la France et à se réfugier à Alger. Il se cache puis, dès le débarquement allié (1942), il est nommé directeur des programmes à « Radio Alger libérée » (c'est lui d'ailleurs qui trouvera son nouveau nom : Radio France « le Poste de la France en guerre ») dont les émissions sont diffusées vers la métropole occupée.

Parallèlement, il organise des tournées de chansonniers, exilés comme lui, à travers le Maghreb et le Proche-Orient, et ouvre le théâtre des Trois-Ânes, en souvenir nostalgique du théâtre parisien des Deux-Ânes.

La paix revenue, il rentre à Paris, retrouve ses fonctions radiophoniques (Radio Programmes SA) et discographiques (Philips). Un jour, en se promenant sur le boulevard de Clichy, à l'angle de la rue Coustou, il voit un local désaffecté où une dame, assise dans l'entrée sur un tabouret, tricote. C'est la propriétaire. Justement, il aimerait... La dame cherche à vendre. Marché conclu.

En fait, le lieu est prédestiné.

Avant-guerre, c'était déjà un cabaret, sous la direction de Jean Bastia, *Le Café chantant* (appelé aussi *Cabaret de la chanson*). Coïncidence, c'est aussi l'une des salles où se produisait occasionnellement, en 1938, le tout jeune Francis Blanche. Pendant l'Occupation, ces messieurs du milieu corse de Pigalle l'avaient transformé en dancing : *Le Cœur de*

Montmartre. À la Libération, les nouvelles autorités, jugeant ce *Cœur* par trop mal fréquenté durant les années brunâtres, mirent fin à ses battements trop désordonnés.

Canetti – après quelques travaux – va le rendre à sa destination première. La place est chiche : 275 fauteuils, une scène de 3 mètres de profondeur sur 5 de large, avec le piano dans la salle.

Son appellation algéroise se révélant impossible, avec le théâtre de l'originel Deux-Ânes non loin, sur le même boulevard de Clichy, il ne renonce pas pour autant aux équidés et ses Trois-Ânes se transforment en Trois-Baudets.

Il inaugure les lieux le 15 décembre 1947 avec une revue : « Marshall nous voilà », habile à-peu-près entre l'homme du plan d'aide US et le slogan des vichystes encore tout frais, où figurent quelques-uns des anciens chansonniers d'Alger : Pierre-Jean Vaillard, Christian Vébel, Georges Bernardet, mais aussi des espoirs de la chanson comme Lucienne Verney, Clairette May ou le groupe des Garçons de la Rue.

Les spectateurs ne se bousculent pas. Pas plus que pour les représentations de la compagnie Jean Nohain dans *La Revue de l'an 2000.*

Malgré son titre accrocheur, *Ici l'on rit,* le spectacle où se produit Francis Blanche ne connaîtra qu'un succès d'estime et ne reste qu'une semaine à l'affiche. Mais la presse en parle et les critiques se révèlent plutôt bonnes.

L'endroit plaît à Blanche. Il y reviendra souvent. Avec Pierre Dac – créateur en 1938 avec Jacques Canetti du « théâtre des Loufoques » – quelques mois plus tard, la même année, pour 450 représentations de *39°5*, sous-titré « show psychanalytique », mis en scène par Yves Robert, avec la révélation du moment, l'ex-représentant en machines à écrire Robert Lamoureux. Il y a deux ou trois séances certains jours.

Record battu l'année suivante, en 1949.

Leur revue *Sans issue* reste deux ans à l'affiche ! Elle permet d'assister aux débuts parisiens du chanteur québécois Félix Leclerc, et d'un incroyable duo hilarant, les Pinsons, composé de Robert Verbecke et Raymond Devos, qui ne cessent de se disputer plutôt que chanter. On peut y écouter Édith Fontaine et découvrir un pianiste sans gêne et parfois souffre-douleur, un certain André Darricau, plus connu sous le nom de Darry Cowl (qui remplace Pierre Arnaud, à l'affiche à l'origine), Georges Brassens et Mouloudji.

Jacques Canetti ne se fâchera qu'une fois contre Francis Blanche : le soir où, déchaîné, celui-ci asperge le public d'insecticide, avec un ustensile à pompe et réservoir comme on en fabriquait avant l'invention de l'aérosol.

Mais Francis Blanche ne manquera pas d'être là, avec Pierre Dac, pour fêter en janvier 1957 les dix ans des Trois-Baudets. C'est même à cette occasion qu'ils créeront leur sketch le plus connu, *Le Saar Rabindranath Duval*, ce numéro de fausse transmission de pensée entre un Pierre Dac gourou hindouisant, en caleçon à fleurs, jambes (maigrelettes) nues (exception faite des chaussettes noires), assis en position du lotus sur un guéridon branlant, interrogé par un Francis Blanche revêtu d'une djellaba brodée, le crâne surmonté d'un turban à aigrette.

Cette parodie évoluera, changera, se modifiera selon l'époque, leur état d'ébriété et... le public.

La version la plus célèbre sera enregistrée par Europe N° 1, en 1960, lors d'un « Musicorama » à Lyon, où les deux compères, avant d'entrer en scène, s'étaient permis un gueuleton très arrosé et à la fin duquel, pour corser le tout, Francis Blanche, connaissant l'avarice de Pierre Dac, s'était éclipsé sans payer. Ce qui explique les exclamations répétées de l'un : « Escroc ! » et les fous rires de l'autre.

En ce début de l'année 1957 aux Trois-Baudets, nous n'en sommes pas encore à ce sommet mais, comme on dit dans le métier, ils cassent la baraque.

Le spectacle est d'ailleurs d'une qualité prodigieuse.

On peut y entendre tous les grands noms du moment, soucieux de remercier par leur participation celui qui leur a donné, en ce lieu, leur chance lorsqu'ils étaient encore inconnus : Brel, Brassens, Béart, Lemarque, Lamoureux, Darry Cowl, Fernand Raynaud, Raymond Devos, Ricet Barrier, Catherine Sauvage, etc.

Hélas, les Trois-Baudets ne survivront pas à la vague yé-yé qui va surgir dans les années 60. L'heure n'est plus au piano en sourdine ou à la guitare sèche. Après une saison désastreuse en 1967, les Trois-Baudets fermeront définitivement leurs portes, remplacés par une succession de boîtes à strip-tease, de sex-shops ou de live-shows.

Mais les Trois-Baudets verront aussi la première séparation d'importance entre Francis Blanche et Édith Fontaine. Elle quitte *Sans issue* malgré le triomphe. Officiellement, elle doit rejoindre Édith Piaf, Eddie Constantine et Robert Lamoureux sur la scène de l'ABC pour y jouer la comédie musicale de Marguerite Monnot et Maurice Achard, *La Petite Lily*.

On parle déjà de brouille. Pourtant, elle part ensuite roder son tour de chant avec, à son répertoire, des chansons de Trenet, de Prévert, mais aussi et surtout de son époux. Leur divorce n'interviendra que quelques années plus tard (voir plus loin...).

Francis, toute sa vie, continuera le cabaret, même lorsque son activité l'amène dans d'autres domaines. Il adore ce contact intime des petites salles. Du minuscule *Pot au fou* (rue Cujas) où, avec Dac et Carmet, il invente le Schmilblick – si souvent réutilisé depuis et revendiqué par d'autres – dès 1951, au légendaire *Amiral* de la rue Arsène-Houssaye, près des Champs-Élysées.

Sans ignorer des salles plus classiques et plus vastes, telles l'Olympia (la première partie de Trenet en 1955), l'ABC (en 1952 avec Pierre Dac, Roger Pierre, Raymond Devos et Henri Salvador dans la revue *Autre chose*), le théâtre de la Comédie-Caumartin (en 1958 pour *Chipolata 58*, un saucisson-show avec Dac, Carmet en voyou, Pauline Carton en membre de l'Armée du Salut ou Moustache en explorateur. C'est pour cette revue que Blanche et Dac inventent le plus grand instrument de musique du monde : le Paléontophone, 2,50 mètres... et aussi le plus inutile, car il ne joue qu'une note !). Ou Bobino (où il se produira avec Dac pour la dernière fois, terriblement amaigri, au printemps 74, quelques mois avant sa mort).

Dans la catégorie des salles de capacité moyenne, reste celle du théâtre Fontaine où il va donner deux de ses spectacles les plus réussis.

En 1965, ce sont *Les escargots meurent debout*, une mise en pièces, comme il dit, de l'Histoire de France, ce qui signifie en fait une lacération, une réduction en charpie, un véritable jeu de massacre de ce que l'on apprend à l'école.

On y retrouve, par exemple, Denise Benoit (ainsi que Jean Le Poulain, Jacques Jouanneau, Michel Roux, etc.) en Jeanne d'Arc écoutant ses Voix sur un transistor qu'elle dissimule dans son corsage. La voix de Dieu est entrecoupée, évidemment, de publicités idiotes pour Jésus ou pour Charles VI, et Ravaillac décide d'assassiner le bon roi Henri IV dont les slogans répétés pour la poule au pot hebdomadaire l'agacent.

Car Francis Blanche, qui a fait une grande partie de sa carrière radiophonique sur des stations privées et a donc vécu de l'argent de la publicité (qu'on appelle encore de la « réclame »), n'hésite pas à écrire :

Et tant pis si c'est con
En matière de réclame,
Les plus désespérants
Sont les chants les plus beaux !

1. Octobre 1964. Studios de Boulogne. Francis Blanche et l'auteur « petit reporter » (20 ans).

2. 1954. Francis Blanche avec Louis de Funès dans *Ah, les belles bacchantes,* de Robert Dhéry réalisé par Jean Loubignac au cinéma.

3. Avril 1951. La grande équipe : Pierre Dac, Francis Blanche et Jean Carmet au cabaret le *Potofou* devant la seule et vraie formule du Schmilblick.

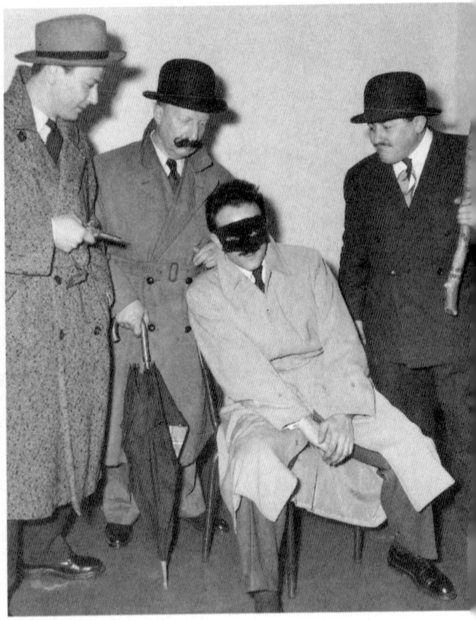

4. Mars 1952. Maurice Biraud (commissaire Socrate), Pierre Dac et Francis Blanche (les détectives Black et White) autour de Jean-Marie Amato (Furax) à l'époque de *Malheur aux barbus*.

5. Novembre 1958. Raymond Devos, Francis Claude, Francis Blanche, Jean-Marc Thibault, Jacques Dufilho, Jean Poiret et Michel Serrault, autour du couple Jean et Jacqueline Diwo et de l'illustrateur Maurice Henry, auteurs du livre *Drôles de numéros* consacré aux « nouveaux comiques » de l'époque.

6. 1959. « Papa Schultz » avec Brigitte Bardot. « Vous serez fusillée très sévèrement... » *Babette s'en va-t-en guerre,* de Christian-Jaque.

7. Juin 1960. Béatrice Altariba, Darry Cowl, Pierre Dac et Francis Blanche dans le film *Pique-assiette,* de Jean Girault.

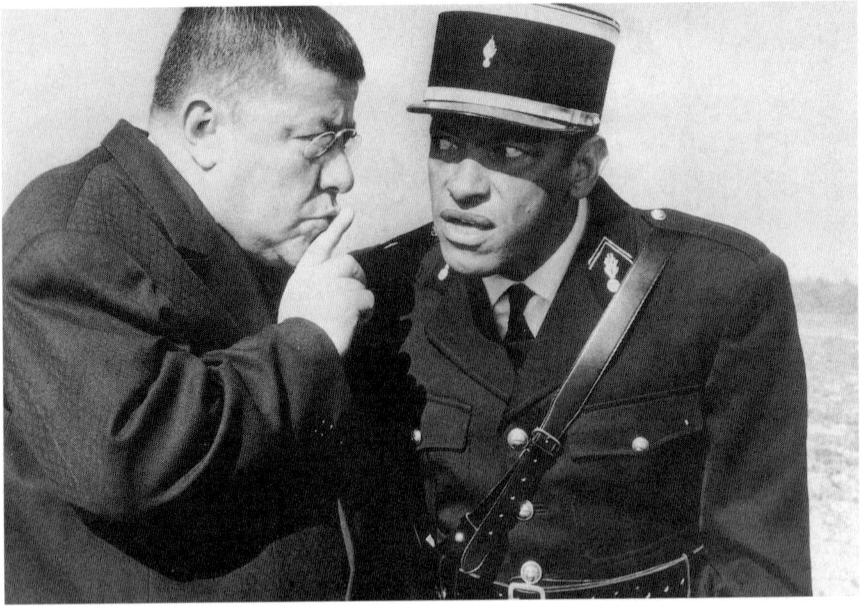

14. Octobre 1965. Un nouveau rôle d'espion russe dans *Les malabars sont là,* de Guy Lefranc, avec le brigadier Henri Salvador.

15. 1966. Francis Blanche avec ces dames de la maison tenue par Geneviève Page et où officie « Belle de jour » (Catherine Deneuve), dans le film de Luis Buñuel d'après le roman de Joseph Kessel.

16. Novembre 1967. Dans les studios de RTL avec (debout de gauche à droite) Christian Duvaleix, Pierre Doris, Jean Rigaux et (assis) Darry Cowl et Jean Yanne.

17. 1969. En danseuse étoile dans *Ces messieurs de la gâchette* (film de Raoul André avec Annie Cordy, Jean Poiret, Michel Serrault, Darry Cowl, etc.).

18. Juillet 1971. En parrain de la Mafia dans le film *La Grande Mafia*, de Philippe Clair.

Quand je lui ai demandé pourquoi ce titre, pourquoi *Les escargots meurent debout*[1], il m'a répondu en rigolant : « Pourquoi pas ? »

M. André Guignon, lui, ne se satisfait pas d'une réponse aussi élémentaire. Prétendant avoir déposé certains de ces sketches en 1961 à la Société des auteurs, il attaque Francis Blanche pour plagiat. Ce dernier entre alors dans une colère... noire... à la Blanche :

« La plupart de mes sketches ont été écrits et joués depuis plus de dix ans dans les cabarets. [...] C'est honteux de ma part de lui avoir volé ses idées sept ans avant qu'il les ait eues. C'est répugnant et pas beau, surtout que je compte en plus lui prendre de l'argent, en l'attaquant à mon tour pour le préjudice qu'il me cause : le directeur du théâtre bruxellois qui devait monter ces jours prochains *Les escargots...* m'a fait savoir qu'il préférait attendre la fin du procès. Ce que je ne comprends pas, c'est pourquoi ce monsieur revendique la paternité d'une œuvre aussi mineure que la mienne. Pourquoi pas *Le Cid*? Je crois qu'il manque d'ambition ! »

1. « Les huîtres meurent dans le citron, les truites dans le court-bouillon, les langoustes au fond d'un chaudron et les dindes dans les marrons [...] et les généraux dans leur lit. Mais quand sonne leur heure, les escargots meurent debout, debout dans l'ail et le beurre » (Francis Blanche).

Ridiculisé par la presse, M. Guignon devait retirer sa plainte quelque temps plus tard. Et, malgré cet incident, *Les escargots meurent debout* connaîtront une belle carrière sur les planches.

Francis Blanche reviendra sur la scène du théâtre Fontaine en 1970, avec un « one man tiède » : *Franciscorama* (dont la première, le 18 septembre, sera reportée *in extremis* car il est aphone ce soir-là), qui lui vaudra des critiques dithyrambiques des journaux unanimes ; y compris l'édition parisienne du quotidien américain *Herald Tribune*, avec une photographie pourtant peu flatteuse.

On peut y lire :

« Francis Blanche donne au théâtre Fontaine son *Franciscorama* [...]. Le comique rondouillard commence son spectacle par vendre des programmes dans le hall d'entrée [1]. [...] L'humour n'y est pas toujours des plus raffinés [...] mais la tranquille impudence de Blanche emporte tout. [...] Blanche est hilarant dans une caricature d'un fumeur impénitent tentant de se soigner mais qui ne peut s'empêcher sans cesse de jouer avec son briquet et d'enflammer tout ce qui lui tombe sous la main. [...] On peut dire qu'il possède à fond l'humour noir avec la plus grande aisance. »

1. Il passait aussi l'aspirateur entre les fauteuils.

S'il est vrai que Francis est tout à la fois interprète, auteur, metteur en scène, compositeur et même marchand de programmes, il n'est pas tout à fait seul en scène puisque deux musiciens – Henri Leca au piano et Nono Zammit à la contrebasse – l'accompagnent et qu'il n'hésite pas à leur demander parfois, non seulement de jouer de leurs instruments mais aussi de lui donner la réplique. Pour l'assister, il y a encore deux accessoires : un bureau et un tableau lumineux, tel qu'on en trouvait autrefois dans les studios publics de radio, avec les inscriptions : « Applaudissez », « Sifflez », « Stop », etc.

Encouragé par l'accueil plus que chaleureux – après, il faut bien le reconnaître, une période plus que flottante où il faisait un peu n'importe quoi ou en donnait l'impression –, il prend de bonnes résolutions et multiplie les promesses de bien faire :

« J'ai tourné 98 films, mais le cinéma a consisté pour moi en une terrible désescalade. Je voudrais remonter la pente et montrer enfin au public que je suis d'abord un auteur !

« [...] J'espère montrer ainsi que je ne suis pas seulement le gros comique avec lequel le public avait de plus en plus tendance à m'identifier. Je veux freiner la course à la médiocrité.

« [...] Je veux, par ce spectacle, dissiper un malentendu. Tout le monde me prend pour une rondeur comique et j'en ai assez d'entendre les gens dire derrière moi : Pousse-le un peu, voir s'il roule. [...] J'aime bien l'humour mais pas le mépris, et il y a, de la part des gens, un mépris très net pour les comédiens qui font rire. C'est navrant, mais il faut se rendre à l'évidence qu'il y a une hiérarchie dans les genres et que le comique est en bas de l'échelle du spectacle. »

Mais, quand on le presse un peu, il reconnaît qu'il va devoir encore tourner pour payer ses impôts.

Pourtant, Francis Blanche aimerait bien qu'on se souvienne qu'il n'est pas qu'un pitre, un guignol, un petit rigolo, qu'en dehors de ses outrances canulardesques, ses rimailleries d'adaptations cucultesques – ou la mise en musique (avec Michel Emer) de la Loi sur la répression de l'ivresse publique, affichée dans tous les bistrots –, il laisse quelques couplets bien ciselés et aussi de superbes poèmes.

« Mon vrai métier c'est d'écrire : écrire des chansons, des poésies, écrire à ma famille quand je suis en vacances et tout de suite après ma mort... écrire mes mémoires. »

Personne ne songe évidemment à lui reprocher ses cartes postales et, dans ses chansons, certaines ne sont certainement pas à classer dans le tout-venant. À côté des chansons pour Trenet ou pour Piaf, il ne faut pas oublier celles créées par Édith Fontaine, Odette Laure, les Frères Jacques, et que parfois il interprète également : *Ça tourne pas rond*, *La Fille du gangster*, *Le Mot de billet*, *Le Carton à chapeaux*, *Idylle en forêt* (rien que pour la chute, lorsque après avoir réalisé un portrait bucolique d'une maison en sous-bois, d'où s'échappe une fumée, un facteur dit au particulier barbu : « Une lettre pour vous, m'sieur Landru... » et s'éloigne en murmurant « Quel bonheur d'avoir une femme au foyer... ») ou, bien sûr, ce *Général à vendre* qui fut, jusqu'à la mort de De Gaulle (1969), interdit à la radio [1]. Il y était question d'un général plutôt mal foutu, le seul encore à vendre ce matin-là, car tous les généraux étaient vendus... et qui se terminait par cet avertissement : « N'achetez jamais un général. »

1. L'aurait-on voulu qu'on ne l'aurait pas pu ! car les disques disparaissaient mystérieusement ou étaient altérés à l'aide d'un objet pointu, empêchant leur diffusion. Comme on disait à l'époque, « L'affaire est dans le SAC ».

Colère des militaires, bien sûr, mais surtout des partisans du général de Gaulle, car ils y voyaient une allusion malveillante.

Or les paroles de cette chanson furent écrites pour les Frères Jacques [1] en 1955 – c'est-à-dire bien avant le retour de De Gaulle au pouvoir – sur une musique de Pierre Philippe (le cinquième Frère Jacques, celui qui ne chantait pas mais les accompagnait au piano).

Cette collaboration Blanche-Philippe, avec Guy Lafarge, se renouvellera pour *La Belle Arabelle*, une opérette mise en scène par Yves Robert au théâtre de la Porte-Saint-Martin, en septembre 1956, où l'on trouve, aux côtés des Frères Jacques dans de petits rôles (quatre mariniers sauvant de la noyade une jeune fille amnésique – Lucie Dolène – et la recueillant sur leur péniche), le père et le fils Blanche réunis. Mais aussi une danseuse qui tiendra une place importante dans la vie de Francis : Arlette Rebora.

1. Les Frères Jacques avaient, à leurs débuts, interprété leurs premiers textes de Francis Blanche en 1949 : *Jours de colère* (sur l'air du *Dies Irae*) et *Gros Jean comme devant.* Dans leur répertoire figurent également d'autres chansons (exemples : *La Truite* et *Les Boîtes à musique*) mais aussi, moins connu, le *J'emmène les gendarmes... et la maréchaussée.*

Il lui arrivait aussi parfois de signer seul (paroles et musique) certaines de ses créations (*Il y avait un cavalier*, *La Complainte des robinets qui fuient*, *Le Savon des aveugles*, etc.), même s'il n'écrivait pas vraiment les notes sur la partition. Gérard Calvi le reconnaît, il arrivait souvent avec la mélodie dans la tête, il fredonnait l'air auquel il pensait, il ne restait plus qu'à restructurer, arranger et transcrire véritablement en signes musicaux ! « Moi, des fois, je le laissais cosigner la musique avec moi parce que, souvent, 70 à 75 % du travail était déjà fait... »

Mais ce que l'iconoclaste Blanche préfère, c'est détourner des musiques de grands compositeurs classiques (dont il n'était plus nécessaire de demander l'autorisation) en y collant des paroles délirantes, loin de l'idée du créateur originel. Cela va de *La Truite* de Schubert devenue *Le Complexe de la truite*, ou l'indicible destin d'une jeune fille obsédée sexuelle et pisciphile, ou, sur l'air du premier mouvement de la *Ve Symphonie* de Ludwig van Beethoven, la remarquable biographie (avec Pierre Dac) de Jérémie Ordebec, l'immortel inventeur de *La Pince à linge*, jusqu'à vanter la barbe et les barbus, avec la complicité de Rossini, ou (gros scandale à l'époque) utiliser le *Boléro* de Ravel comme support pour l'indicatif des professions de foi du Parti d'en Rire (également avec Pierre Dac).

En réalité, Francis ne se livre à cet exercice que pour le plaisir de voir son nom accolé à une grande signature : « Blanche/Schubert... Blanche/Beethoven... ça a de la gueule quand même ! » me confia-t-il un jour. Il pousse l'audace même jusqu'à s'assurer le nom de Corneille comme coauteur pour une version bien à lui du *Cid*.

Sa vraie passion, en fait, c'est de jouer avec les mots.

Ces mots qu'il compare à un fouillis, à un maquis touffu où, dit-il, « on aime bien se mettre à l'abri ».

Mais son jardin secret, c'est la poésie.

C'est pourquoi il est heureux comme un gosse lorsque enfin l'éditeur Jean-Claude Lattès publie, en 1972, son premier recueil de poèmes : *Mon oursin et moi*, où sont rassemblés des textes écrits presque en cachette au fil de sa vie : *Arlequin poignardé*, *Appelez-moi fumée*, *J'ai rêvé ma vie*, *Un petit homme sorti d'une noix*, *Les Dimanches ratés*, etc. Et surtout *Le P'tit Gros* qui, je le crois, résume toute la complexité de sa propre existence et aussi l'ambiguïté du/des personnages :

LE P'TIT GROS

Le p'tit gros nous a bien fait rire
Le p'tit gros nous a possédés
C'était l'heure où les gens n'ont plus rien à s'dire
Alors lui en a profité
Le p'tit gros, le p'tit gros
A dit des histoires, des charades, des d'vinettes, des
[contrepèteries
Il a fait des jeux d'mots, et des bruits bizarres
Grâce à lui, le p'tit gros, on a drôlement ri
Le p'tit gros mélangeait les thèmes
La magie, le bonneteau
Tout y a passé
Tout à coup, saisissant une tarte à la crème
Le p'tit gros a jonglé sans rien renverser
Un couplet, deux refrains
Quatre ou cinq fausses notes,
Un chapeau, un roi d'cœur,
Un foulard carré, quelques gros calembours, quelques
[anecdotes
Ah salut le p'tit gros, on s'est bien marré
Ce n'est que vers trois heures
Ou plus tard, dans la nuit
Quand le p'tit gros s'est l'vé
Pour retourner chez lui

En lançant de la porte, un dernier mot drôle
Sur un ton ironique, et presque moqueur
Qu'on a vu le couteau, entre ses épaules
Qu'on a vu le couteau, planté dans son cœur.

Il souffre et il l'exprime discrètement, mais peu de ses contemporains le comprennent. L'étiquette « p'tit gros rigolo » lui colle à la peau. Lui-même n'est pas dupe. Après la parution de *Mon oursin et moi*, à une journaliste de *L'Express* qui lui demande ce que représente pour lui la poésie, il répond froidement : « Deux ou trois cents exemplaires au plus... »

Il annonce de nouvelles guignolades et même – comme pour *Signé Furax* – une sortie en librairie d'un roman tiré de son feuilleton radiophonique *L'Étrange Napolitaine*, sur Europe 1 (aux Éditions de Trévise en 1973).

Un peu d'espoir quand même dans son désir de reconnaissance, lors des dernières et tristes années de sa vie, lorsqu'on lui confie, en 1973, l'écriture des dialogues du prochain film de Marco Ferreri, l'histoire de quatre amis qui décident – pour Francis, c'est prémonitoire – de se suicider ensemble en mangeant jusqu'à la mort.

Mais les méchantes langues prétendent que les producteurs et le réalisateur de *La Grande Bouffe* ne se montrent guère satisfaits du travail livré – ce qui, vu son état de santé, n'est guère improbable. Toujours est-il que, comme Marco Ferreri a décidé au dernier moment (cause ou effet) de laisser ses interprètes (Philippe Noiret, Michel Piccoli, Ugo Tognazzi et Marcello Mastroianni) improviser à leur guise, le nom de Francis Blanche n'apparaît qu'en minuscule au générique et sur l'affiche. Comble de l'humiliation, Francis ne sera même pas invité à la première !

Il ne lui reste qu'un an à vivre, mais peut-être est-il déjà mort.

Le vide se fait autour de lui.

Ironiquement, la dernière chanson écrite et enregistrée par Francis Blanche (pour le film *La Baleine qui avait mal aux dents* – musique de Dany Revel) a pour titre : *Faut voir du monde.*

La radio, la télévision

C'est pour ça que tu m'aimes, Malvina...

FURAX

Il y a des gens qui sont chauves au-dedans de la tête : ceux qui n'ont pas d'humour.

F.B.

Dans le car aux vitres crasseuses qui nous emmène, en cet après-midi de jeudi, à la sortie hebdomadaire du « patro » (patronage) au bois de Chaville, nous découvrons une raison supplémentaire de faire hurler l'aumônier et les moniteurs en introduisant une nouvelle chanson dans notre répertoire. Officiellement, nous disposons de l'hymne des « Cœurs vaillants » (C'est nous les petits gars de France, écoutez nos joyeux accents, notre nom chante l'espérance, car nous sommes les Cœurs vaillants... À Cœurs vaillants, rien d'impossible!), *Là-haut sur la montagne* (Y avait un beau chalet...), *Y a qu'un ch'veu sur la tête à Matthieu...* (Y a qu'une dent dans la mâchoire à Jean... Qu'est-ce qu'il y a deux?... Y a deux testaments, l'Ancien et le Nouveau, ô ô ô oh!...), *Les Gaulois sont dans la plaine* ou *Un kilomètre à pied...* (Ça use, ça use, deux kilomètres à pied, ça use les souliers, trois, etc.).

Parfois, contre la bonne tenue voulue par notre encadrement, nous ajoutons subrepticement un *Perrine était servante* (Chez monsieur le Curé, digue donda dondaine...) ou pire *Jeanneton* (prend sa faucille larirette, lariret-ette, etc.), mais ce jour-là, horreur, nous surprenons l'assistance en entonnant :

Tout le monde y pue
Y sent la charogne
Y a qu'le grand Babu
Qui sent l'eau de Cologne...

Le chauffeur est mort de rire, l'abbé gêné se doit de constater que nul, même pas ses « chères petites ouailles », ne saurait échapper à ce diable de « Furax ».

« Furax », c'est le nom du héros de ce nouveau feuilleton surgi, l'automne 1956, sur les ondes d'une toute nouvelle station de radio, à une époque où la télévision balbutiante ne compte que quelques milliers de récepteurs, Europe N° 1.

L'arrivée, l'éclosion, le surgissement d'Europe N° 1 dans l'univers radiophonique bouleverse totalement ce petit monde plutôt feutré et assez guindé. Europe 1 sonne le glas de la TSF, cette invention relativement récente, tout d'abord réservée aux militaires, puis aux bricoleurs de la « galène », qui ne conquiert le public que vers la fin des années 20 et au début des années 30, avec l'apparition des premières chaînes commerciales.

La Seconde Guerre mondiale consacre, d'un côté comme de l'autre, l'importance capitale des voix, des musiques surgies d'ailleurs... Qu'il s'agisse de transmettre des messages, des mots d'ordre, des avertissements, des dénonciations, des félicitations, de la propagande ou de la véritable information. Un nouveau mode d'expression est né. Il s'agit de marquer les esprits. Très vite. Un slogan, une sorte de réclame : « Et Londres, comme Carthage, sera détruite... », « Les Français ont la mémoire courte... », « J'ai fait don de ma personne à la France », « Les Français parlent aux Français », « Radio Paris ment », « La France a perdu une bataille... mais elle n'a pas perdu la guerre ! », « Nono aime Nénette, je répète, Nono aime Nénette », « Le jardin n'a rien perdu de son éclat, 3 fois... », etc.

Grâce à la radio, quelques phrases clés glissées sur la BBC, Radio Paris ou Radio Vichy, et avec trois, seulement trois chansons – qui plus est, popularisées par le même chanteur : Maurice Chevalier – vous racontez 1939-45 : « Et tout ça ça fait d'excellents Français... » (la mobilisation dans la joie, tous heureux, du deuxième classe au général, de monter au casse-pipe – euh... surtout le deuxième classe !), *La Chanson du maçon* (la reconstruction nationale avec le Maréchal) et *Fleur de Paris* (la Libération – Chevalier d'ailleurs, à l'image des résistants de la dernière heure, ne la chantant que quelque temps plus tard).

À la fin de la guerre, toutes les radios privées sans exception ayant collaboré avec l'ennemi sont saisies et nationalisées. Seuls subsistent donc trois programmes :

– Deux en Ondes Moyennes ou Petites Ondes

(PO) et un en Grandes Ondes (GO) de la Radiodiffusion française [1].

– Deux stations dont les émetteurs (Grandes Ondes) sont situés en territoire étranger (Radio-Luxembourg au Grand-Duché et Radio-Monte-Carlo dans la Principauté), même si leurs studios sont en France.

Radio-Luxembourg occupe, rue Bayard, les locaux d'une ancienne maison de rendez-vous : *Le Panier fleuri*. Pour Radio-Monte-Carlo, il ne s'agit que d'une façade. RMC, créée par les Allemands, les Italiens et les collabos après le débarquement en Afrique du Nord, appartient en fait à l'État à travers la Sofirad [2].

Pour le reste, il est toujours possible de capter des radios étrangères en Ondes Courtes (OC), la Fréquence Modulée (FM) n'existant alors qu'à titre expérimental.

Mais qu'il s'agisse de la radio de service public ou de ces deux radios périphériques, l'auditeur

1. Dite aussi RDF, puis beaucoup plus tard RTF et ORTF. Ce monopole d'État restera en vigueur jusqu'en 1981.

2. L'ancienne Sofira (Société financière de radiodiffusion de Pierre Laval) devenue, après la confiscation de ses biens, la Sofirad avec le D des Domaines. Depuis la Libération, le PDG de la Sofirad est nommé en Conseil des ministres.

retrouve à peu de chose près le type de programmes ou d'informations de l'avant-guerre. Le ton neutre, posé, uniforme, la diction parfaite des « speakers », moins sentencieux quand même – réclame oblige – sur Radio-Luxembourg ou sur Radio-Monte-Carlo.

Avec la naissance d'Europe N° 1, tout cela est balayé. La radio connaît sa révolution. Imaginée dès 1949 par Charles Michelson [1], la station, dirigée par Louis Merlin, est prête à fonctionner dès 1954. Ses bureaux et ses studios se trouvent à Paris, rue François-Ier, dans les locaux laissés vacants par les services de La Voix de l'Amérique. Mais, pour respecter la loi française, son émetteur se situe en Sarre – alors sous occupation française – à 500 mètres de la frontière.

Rapidement, les premières tentatives de diffusion (une phrase en trois ou quatre langues européennes : « Ici Europe N° 1, *This is...* » ponctuée de quelques notes de musique) se révèlent catastrophiques. Elles interfèrent gravement avec le contrôle aérien de l'aéroport de Genève-Cointrin (!). Il faut réorienter l'antenne.

1. Un homme d'affaires du groupe Image et Son, également propriétaire de Télé-Sarre et de Télé-Monte-Carlo.

Enfin, le 1er janvier 1955, à 7 heures du matin, surgit du presque néant la voix de Micheline Françey : « Bonjour l'Europe. »

Une demi-heure plus tard, c'est déjà terminé.

Les ingénieurs doivent procéder à de nouveaux réglages car la navigation aérienne est encore perturbée, ainsi que deux ou trois stations scandinaves.

Les émissions peuvent reprendre le 3 janvier 1955. À partir de ce jour, l'horizon plutôt morne de l'auditeur, surtout du jeune auditeur, se trouve totalement transformé. Il faut reconnaître que la radio de papa en prend un sacré coup. Sur Europe N° 1, plus de speakers, plus de style ampoulé dans le genre : « Veuillez écouter à présent... », mais des « meneurs de jeux » s'exprimant en termes simples, en phrases courtes, directes. Il ne s'agit plus de prêcher à la masse, mais de s'adresser à chaque auditeur en particulier.

Ces animateurs s'appellent : Harold Kay, Roger Duquesne, Maurice Gardett, Robert Marcy, etc. C'en est terminé de l'anonymat.

En matière d'information, sous la houlette de Maurice Siegel, ce ne sont plus, comme ailleurs, des speakers qui lisent des textes écrits par des journalistes, mais les journalistes eux-mêmes. Eux aussi ont des noms. La grand-messe du Journal Parlé fait place à Europe-Midi ou à Europe-Soir. Les intonations, le rythme, là aussi diffèrent.

À la maison, c'est la guerre pour la maîtrise du « poste ». Le transistor n'est pas loin mais, pour l'instant, dans la plupart des foyers français il n'existe encore qu'un seul récepteur. Un gros objet, trônant sur le buffet, de bois, de bakélite, à la façade tendue de toile plissée – tel un fronton de théâtre miniature – dissimulant les lampes, et surmonté de l'étrange « œil magique » dont la largeur du faisceau permet de se caler sur la fréquence difficile à trouver, en l'occurrence « 1 647 mètres Grandes Ondes ».

Les parents, évidemment, imposent leurs habitudes d'écoute le matin ou le soir. Mais à midi, le père mange sa gamelle à l'atelier et ne rentre pas. Aussi, de retour de l'école, j'arrive le plus souvent à fléchir ma mère et à obtenir d'écouter ce nouveau programme. À condition, bien sûr, de remettre le cadran dans la position où il se trouvait.

C'est ainsi que Furax surgit dans ma vie, le 22 octobre 1956.

Soyons juste, Furax n'est pas né sur Europe N° 1 mais sur les antennes nationales, en octobre 1951, sous le titre de *Malheur aux barbus*. Une caricature de feuilleton à la Fantomas ou à la Arsène Lupin, née un soir de beuverie entre Dac et Blanche. L'histoire abracadabrante d'un mystérieux bandit, Edmond Furax, qui enlève le célèbre professeur de la Sorbonne (chaire de barbologie analytique) Merry Christmas (en français, Joyeux Noël). Affolée, sa fille Carol (Carol Christmas – en français, chant de Noël) le recherche avec l'aide de son fiancé, Fred Transport, et de deux détectives, Black and White.

À l'origine, le rôle de Furax (inspiré par le fantasque beau-père de Francis) doit être tenu par Serge Reggiani, mais les comptables de l'administration radiophonique le jugent un peu trop cher. C'est donc le jeune comédien Jean-Marie Amato (rencontré, comme Carmet, par Francis en 1945 à Radio-Monte-Carlo) qui lui donnera sa voix.

Le professeur Merry Christmas est le propre père de Francis, Louis Blanche, et Carol Christmas, Édith Fontaine (à la ville, pour quelques mois encore, Mme Francis Blanche). Fred Transport n'est autre que le jeune Jean Poiret, et Black and White, dans l'ordre, Pierre Dac et Francis Blanche.

On y retrouve également les copains de Blanche : Maurice Biraud, Pauline Carton, Jean Richard, Roger Pierre et Jean-Marc Thibault. L'indicatif, c'est, bien sûr, un extrait du *Barbier de Séville* de Rossini [1].

À la fin de la saison, en juin 1952, le feuilleton s'arrête de telle sorte (c'est un vieux truc) qu'il soit possible de le reprendre à la rentrée. Malgré le succès, l'administration trouve l'addition trop salée et l'action et les dialogues encore plus ! Le contrat n'est pas renouvelé.

Quatre ans plus tard, Lucien Morisse – un ancien discothécaire de la RDF –, devenu directeur des programmes d'Europe N° 1, permet aux auditeurs frustrés de retrouver leurs héros, et aux autres de les découvrir. En changeant de maison, il faut changer de titre. Voici *Signé Furax*.

1. Au départ, l'exercice feuilletonnesque et la discipline quotidienne qui s'y attache paraissent quelque peu contraignants à Francis, mais Pierre Dac, lui, a déjà pratiqué – avec Fernand Rauzéna, également son coauteur des sous-titres du film américain *Hellzapoppin* – avant-guerre avec les aventures prétendument policières du commissaire Poilau Luc et de l'inspecteur Feuillemolle.

Mais la bande reste la même ou à peu près. Le « méchant Furax », c'est toujours Jean-Marie Amato. Il vole, au choix, le Lion de Belfort, l'Arc de Triomphe, la statue de Jeanne d'Arc ou l'Obélisque. Fred Transport (Jean Poiret) cède la place dans le cœur de Carol (toujours Édith Fontaine) à un jeune électronicien, Théo Courant (Claude Nicot).

Le professeur Merry Christmas devient le professeur Hardy Petit (toujours Louis Blanche) et se découvre un rival au service du mal, l'inventeur de la lumière qui éteint, le professeur d'origine russe Grégory Moschmosch (Roger Carel qui joue aussi, avec l'accent idoine, le Belge Léopold Van Peeremesch et l'Helvète Glockenspiel).

Maurice Biraud, s'il exhibe toujours la carte de police du commissaire Socrate, hérite d'une secrétaire, Mlle Fiotte, et se transforme parfois en Maurice Champo, dit Maurice La Grammaire. Raymond Devos joue Célestin Jolipont, un chauffeur de taxi qui va permettre à Black and White (toujours Dac et Blanche) de rencontrer Tapioka, la planteuse de « gougnafes » (un fruit du Bengale), interprétée par Arlette Rebora, la nouvelle conquête de Francis.

Sans oublier l'ignoble, le super méchant, l'affreux Léon Klakmuff (Claude Dasset) qui osera même un jour enlever Malvina (Jeanne Dorival), la compagne de Furax, en la droguant avec un fromage magique « le gruyère qui tue ! », inventé par des extra-terrestres venus de la planète « Astérix » (eh oui !) conquérir le globe, les horribles Gzbrrrs. Klakmuff rêve, grâce à eux, de devenir un jour le « Maître du Monde ». Furax est tellement désespéré qu'il promet de se racheter et en vient même à chercher l'aide de ses ennemis d'hier. Heureusement, le professeur Hardy Petit découvre à temps un antidote radical, « le Parmesan qui ressuscite » !

Ce genre « d'âneries, d'absurdités, de bêtises sans queue ni tête », comme le prétendent certains adultes raisonnables, ravit par son action, ses rebondissements, ses jeux de mots approximatifs, ses accents caricaturaux, les enfants et les adolescents. Mais pas seulement !

En mai 1957, Guy Mollet, président du Conseil, en pleine conférence de presse après sa démission et celle de son cabinet, regarde soudain sa montre et déclare aux journalistes ébahis (l'heure est grave) : « Maintenant, Mesdames et Messieurs, veuillez me pardonner mais ça va être l'heure de Furax ! »

Cette même année 1957, Furax se retrouve tous les jours dans *France-Soir*, adapté par Paul Gordeaux, l'auteur des fameuses séries illustrées « Le crime ne paie pas » ou « Les amours célèbres », et dessiné par Henri Blanc.

Peu après, Claude Roy écrit : « L'amour fou a ses reines. L'humour fou a son prince ténébreux : Furax, le grand Furax, le mystérieux Furax.

« Je l'ai toujours soupçonné d'être le produit d'une généalogie compliquée, où la fille du Père Ubu épouse l'unique héritier de Fantômas, les témoins du mariage étant Lewis Caroll, Alphonse Allais, Harpo Marx, Edward Lear et le regretté centenaire irlandais Al Manach Vermo ! Le fruit de ces amours – sur le berceau duquel se penche un Francis dont le nom est Blanche, mais qui n'est pas si blanc dans cette histoire – est ce génie du mal et de la mâle gaieté, le scandaleux, le terrible Furax.

« La profondeur de son âme est, tel un canon, chargée jusqu'à la gueule de calembours à l'état sauvage, de dynamite à l'état second et de folie à l'état furieux. [...] Furax est capable de tout, sauf de ne pas faire rire son homme. »

En quelques mois, dans une France secouée par les crises politiques, les coups d'État déguisés, le changement de régime constitutionnel et de République, les drames de la guerre d'Algérie, Furax est élevé au rang de « fait de société », comme on dit aujourd'hui.

En avril 1959, le sociologue Edgar Morin consacre au phénomène un long article dans la *NRF* : « Je tiens *Furax* pour une œuvre géniale, pour la grande *Iliade* du siècle de l'humour. [...] Je vois dans *Furax* une intégration parfaite de l'épopée et de la parodie ; la parodie ne détruit pas le souffle et le souffle épique est emporté par une prodigieuse bouffonnerie. C'est bien plus que du *Sapeur Camembert* ou du *Tintin.* C'est du *Gargantua* et du *Pantagruel* à la sauce *Hellzapoppin* et au rythme électronique. »

La consécration...

Les radios concurrentes commencent à ressentir l'effet sur leur auditoire. Les nouveaux feuilletons sur les stations tentent d'endiguer la frénésie, la déferlante *Furax.*

Par exemple, en 1957, sur Radio-Luxembourg : *Ça va bouillir,* avec Zappy Max, reporter au journal *L'Éclat* (l'émission est patronnée par la lessive Sunil), en lutte contre les agissements de l'ignoble

Kurt Von Strafenberg dit « le Tonneau » (joué par André Gall) [1].

Toutefois, *Signé Furax*, même si les sondages n'existent pas encore, l'emporte haut la main. Il n'est que de constater la popularité de phrases clés du genre « C'est pour ça que tu m'aimes, Malvina... » dans les conversations courantes.

Signé Furax vivra quatre saisons (plus de 1 000 épisodes !), marqué en 1959 par un événement tragique, la disparition du professeur Hardy Petit, c'est-à-dire le décès (à soixante-dix-huit ans) de Louis Blanche, père de Francis. Mais en radio comme au cirque, le spectacle doit continuer et les auteurs, malgré le chagrin, créeront de nouveaux personnages, tel le fils illégitime de Malvina, Alexis, joué par Maurice Sarfati.

Seule l'hyperactivité de Francis viendra à bout de l'increvable série. Le cinéma surtout l'accapare depuis l'incroyable succès de *Babette s'en va-t-en guerre*. Il n'arrête pas de tourner, il n'a plus le temps d'écrire. Déjà, il doit, de temps à autre, déléguer cette fonction à son ami Claude Grégory ou à

1. Il s'agit en fait de la reprise d'une émission hivernale provisoire, créée en 1952, « Vas-y Zappy », destinée à remplacer les jeux de midi enregistrés sous le chapiteau du Radio Circus, durant les trois mois d'hivernage.

d'autres. Se contentant de tracer les grandes lignes, de donner quelques phrases repères ou de développer tel ou tel personnage.

Pierre Dac le déplore, en souffre, et cette attitude de plus en plus détachée ne sera certainement pas étrangère à sa tentative de suicide, en janvier 1960.

Quoi qu'il en soit, la décision de Francis est ferme. Il prévient la direction d'Europe 1 : d'accord pour une hebdo, mais plus de corvée quotidienne. Et le 29 juin 1960, pour la dernière fois [1] sur une antenne, on peut entendre cette phrase mythique, en fin de générique :

« Et... de qui est la mise en ondes ?...

– Mais, de Pierre Arnaud de Chassy Poulay voyons !... »

Contrairement à ce que beaucoup pensent, il ne s'agit pas d'un pseudonyme mais de son véritable nom. Modestement, à la Libération, il se contente de Pierre Arnaud. Venu de l'administration des PTT, détaché comme secrétaire-assistant de Pierre Schaeffer, directeur général de la Radiodiffusion de la Nation française, il découvre que, sur la porte du bureau voisin, un militaire étale un nom

1. Quand je dis la dernière fois, ça n'est pas tout à fait exact car certains épisodes seront souvent rediffusés et publiés plus tard en cassette. Mais ce n'est pas pareil.

à rallonge. Alors il décide de l'imiter et d'utiliser l'intégralité de son patronyme, pour rire. Ça lui est resté.

Rapidement, il monte en grade. La radio d'après l'Occupation est entièrement à refaire. Il devient même responsable des variétés au mythique Club d'essai créé par son patron. Mais la vie de bureau ne l'intéresse guère. Il apprend le métier de réalisateur et commence à fréquenter les « ceusses qui causent dans le poste ». Et c'est ainsi qu'il est amené à travailler avec la révélation des ondes d'après-guerre : Francis Blanche.

Car l'expérience de Radio Rennes libérée a plu à l'éphémère lieutenant FFI. Son bricolage d'indicatif pour « On chante dans mon quartier » surprend. À l'époque, un grand nombre de programmes (tant pour la radio publique que commerciale) sont fabriqués par des sociétés de production plus ou moins indépendantes (Air Production, Programmes de France, Radio Services, etc.). À l'image de ce qui se passe aujourd'hui pour la télévision.

Il n'existe pas de vraies exclusivités, alors les uns et les autres se promènent d'une antenne à une autre, se rencontrent, s'associent le temps d'une saison. Francis, appelé de toutes parts, virevolte. Sur les ondes nationales, en 1945, il sème le désordre avec ses bons mots, ses traits d'esprit, son sens de la repartie et ses idées, loin des formules « Chers-z-auditeurs » en vogue à l'époque. Son humour décalé, son insolence, sa liberté de ton, provoquent déjà le courroux des conservateurs et des puristes [1].

Malgré son âge encore tendre (Francis a vingt-quatre, vingt-cinq ans), il force l'admiration de ses « confrères ». Pierre Canavaggio est subjugué par ses « raisonnements de non-sens » : « On était soudain très loin des vedettes du moment, les Jean Nohain, Max Régnier, Saint-Granier, etc., ou des chansonniers du *Grenier de Montmartre* ou du *Club des chansonniers* alors sur les antennes... »

Jean-Marc Thibault, lui, rencontre Francis à Radio Services, la société de Jean Antoine (dont le fils Jacques est toujours producteur télé). Là, il lit les slogans publicitaires (la réclame comme on dit alors), concoctés et rédigés par Roger Pierre, pour Radio-Luxembourg ou Radio-Monte-Carlo. Fran-

1. Il diffuse de vrais-faux communiqués de la direction de la Radiodiffusion, en proposant à ceux qui n'ont pas toujours un récepteur ou un téléphone à portée d'oreille ou de main, mais qui désirent toutefois connaître l'heure exacte, de la leur envoyer par correspondance. Il suffit de joindre à leur demande une enveloppe timbrée avec adresse. Le pire c'est que, paraît-il, il y a eu du courrier !

cis, à l'époque, présente de son côté sur la radio nationale l'émission farfelue « Sans rime, ni raison », avec son complice Pierre Cour qui invente le rôle du maladroit et gaffeur régisseur Albert, et également avec ses amis Bourvil, Pierre Dudan (un chanteur suisse, auteur des paroles de *Clopin Clopant* – musique de Bruno Coquatrix – et de *On prend le café au lait au lit*...).

Francis Blanche, ce jour-là, en simple visiteur, discute avec un ingénieur du son qui vient de mettre au point un micro de modèle réduit, facilement dissimulable. Mais personne ne veut tenter l'expérience dans la rue. Francis Blanche, lui, veut bien. Les studios de Radio Services se trouvent alors dans les anciens locaux du Poste Parisien, 116 *bis*, avenue des Champs-Élysées. Le technicien dispose le micro et son mini-émetteur dans une sacoche. Cette serviette sous le bras, d'où dépasse une sorte de parapluie (c'est encore très encombrant), Francis descend, pas trop loin, pour que la transmission soit assez claire, comme le préconise l'homme de l'art.

Justement, en face des studios, se trouve un kiosque à journaux. Blanche, béret incliné sur le crâne, innocemment demande au marchand :

« Bonjour... Je voudrais *Le Petit Parisien*...

– Heu, vous voulez dire *Le Parisien libéré*[1] ?
– Libéré de quoi ?
– Mais... des occupants...
– Quels occupants ?
– Ben... les...
– Vous voulez dire nos amis allemands... »

Dans la cabine technique, c'est la rigolade, pendant que Francis, auprès du kiosquier éberlué puis outré, joue les collabos amnésiques et évoque d'autres titres disparus, des éditorialistes fusillés, son attitude personnelle à l'époque.

« Mais ces journaux, vous n'avez jamais refusé de les vendre ? »

Excédé, le commerçant s'énerve, le ton monte, des badauds s'agglutinent.

« Vous n'allez quand même pas me dire que ça a changé au point qu'on serve les juifs ? »

La foule gronde, mais Blanche continue de réclamer l'organe de la Milice, etc. Bousculade, des agents de police interviennent, veulent embarquer le trublion. Un responsable de Radio Services aura toutes les peines du monde à démontrer la supercherie.

1. Nous ne sommes qu'à quelques mois de la fin de la guerre et les organes de presse collaborationnistes ont été interdits et rebaptisés.

Toutefois, l'enregistrement ne sera jamais diffusé car trop polémique, et les auditeurs peu enclins à remettre en cause aussi rapidement leur attitude encore récente.

Jean-Marc Thibault reste persuadé que cet épisode donnera à Francis Blanche l'idée de ses canulars téléphoniques, qu'il étrennera d'ailleurs sur Radio-Luxembourg ou Radio-Monte-Carlo avant d'en faire une série à succès sur Europe N° 1. Nous y reviendrons.

Pour l'instant, le moins que l'on puisse dire c'est que l'entente entre Francis Blanche et Pierre Cour n'est guère idéale. Malgré tout, ils continuent de travailler ensemble et même de jouer au cinéma (*L'assassin est à l'écoute*, réalisé par Raoul André, écrit par Francis Blanche).

On leur doit des émissions comme « Music-hall de Paris » (interdite après que Francis Blanche eut dit d'une célèbre productrice de radio, et plus tard de télé, omniprésente à l'époque : « Par où Aimée Mortimer passe, la radio trépasse... »), « Rythmes de jeunesse » dont les assistants se nomment Pierre Grimblat (le « découvreur » de Line Renaud, Grand Prix du disque en 1949) et Maurice Biraud, un ancien planton, et ce « Sans rime ni raison ».

Les rapports ne seront pas meilleurs avec Robert Dhéry dans l'adaptation radiophonique des *Branquignols* (déjà réalisée par Pierre Arnaud de Chassy Poulay).

Pourtant, les auditeurs de la Radio nationale leur doivent quelques tranches dominicales de rigolade [1]. Mais le second degré (ou le douzième, dix-septième ?...) n'est pas du goût de tous. Et ce qui nous semble bénin aujourd'hui provoque à l'époque des conséquences gravissimes.

Ainsi, le ministre du Ravitaillement (nous sommes encore dans l'immédiat après-guerre), submergé de courrier, doit intervenir auprès de la direction de la radio, après une vraie-fausse séquence Conseils pratiques sur le jeu des « radis volants » donnée par Colette Brosset : « Vous enduisez de beurre frais la queue des radis, vous saisissez le petit légume par la tête et vous le lancez le plus haut possible vers le plafond. Si le radis s'y colle, vous avez gagné.

« S'il retombe, vous recommencez l'opération jusqu'à obtenir un beau soleil de radis roses qui

1. Pour l'anecdote, les textes des sketches étaient tapés – au carbone avec des pelures, car la photocopie n'existait pas encore – par la mère de Francis, qui lui a servi d'assistante jusqu'à sa mort en 1952.

éclairera d'un jour nouveau les repas familiaux dans la salle à manger.

« C'était notre rubrique : la décoration à la portée de tous. »

Quelques directeurs et chefs de service tremblent sur leur base. Et l'annonce de la rupture entre leurs deux pensionnaires turbulents les rassure presque [1]. Ils n'ont encore rien vu ! Ou plutôt encore rien entendu.

La France non plus.

Car Francis Blanche et son nouveau partenaire Pierre Dac décident de créer, toujours avec la complicité de Pierre Arnaud de Chassy Poulay, le mouvement politique le plus séditieux qui soit : le Mouvement Meu-Meu et son organe officiel *Le Parti d'en rire*. En fait, ce *Parti d'en rire* existait déjà avant-guerre dans *L'Os à moelle* de Pierre Dac. Il s'agit à présent, en 1949, d'une renaissance grâce au regroupement avec le « Parti sans laisser d'adresse ». L'une des ambitions affichées de ce nouveau *Parti*

1. S'ils se brouillent à l'époque, Francis Blanche et Robert Dhéry ne s'en estiment pas moins et se retrouveront plus tard, au théâtre et au cinéma. Comme dit Robert Dhéry : « Brouillade et Réconciliation sont les deux mamelles de son caractère. »

d'en rire n'est rien moins que de « réconcilier les œufs brouillés » [1] !

Le scandale commence par la découverte de l'indicatif qui se veut l'hymne du Parti :

Le Parti d'en rire, c'est le Parti
De tous ceux qui
N'ont pas pris de parti :
Le Parti au-dessus des partis

chanté, massacré par les voix de casseroles de Dac et Blanche, sur l'air du *Boléro* de Ravel ! Hurlements outrés des détenteurs de la culture musicale et ire irrépressible des héritiers du compositeur. Ces ayants droit (Ravel mort en 1937 n'est pas encore dans le domaine public) portent plainte et, dans la citation, évoquent les paroles litigieuses : « Le Parti d'en rire... le Parti au-dessus des partis. » Malheureusement, l'huissier de justice commet, sur ce dernier mot, une faute d'orthographe qui

1. Également au programme, entre autres : [...] faire que le beau temps puisse se coucher [...], amnistier les portes condamnées [...], faire sauter les plombs à coups de trique et les pommes de terre au plastic, exiger que les volcans soient ramonés une fois par an, rendre obligatoire et laïc le port du slip en céramique [...], simplifier les lignes d'autobus en supprimant les terminus [...], etc.

déclenche l'hilarité du tribunal et... un non-lieu salutaire.

Ce magazine « politique » a pour « éditorialiste » le chansonnier Jean Rigaux et comme « reporters » ou « chroniqueurs » des participants comme Édith Fontaine, Louis de Funès, Roger Lanzac (le futur Grand Sympathique de la Piste aux Étoiles), Laurence Riesner, etc., avec, chargé du « Courrier des auditrices », l'homme qui sait parler aux femmes, le bourreau des cœurs : Jean Carmet. (Il occupe également d'autres fonctions comme tous les acteurs de l'émission.)

L'accompagnement musical est dû au maestro Gérard Calvi, « C'est moi [1] ».

En dehors de reportages sur la vie interne du parti : « notre vie est un Parti de plaisir », « un Parti de flair dans un slogan de velours », « un Parti, dix de retrouvés », « un Parti bien parti », etc., on y trouve :

– des reportages sur la vie quotidienne « Vie et mort d'un confetti », « L'opération du bouton de col incarné », « Devine avec quoi je frappe ? », « La chasse au clou » ou celle à « l'escargot de Bourgogne » (avec, en exclusivité, le cri de l'escargot aux abois !) ;

1. Enfin, c'est lui.

– des conseils pratiques : « Comment tricoter un porte-bouteilles », « Comment réussir l'ourlet écrémé » ou « Comment reconnaître un faux billet de 10 000 francs (100 francs actuels) d'un vrai ? » (Très simple, il suffit de le faire brûler. Le petit tas de cendres grisâtres, c'est le faux. Les restes blanchâtres, c'est le vrai... Élémentaire !) ;

– des recettes de cuisine, comme celle du « Suprême de rognures fraîches ».

Il y a en bonne place de grandes enquêtes, à la manière des documentaires cinématographiques de l'époque (musiques pompeuses, commentaires ampoulés dits avec emphase) : « D'où viennent les cure-dents », « La grande nuit de la sciure », « Les fumeries clandestines de jambon », « La traite des planches », « La traversée de la Seine à pied sec » ou « Les éboulements de trachéite dans les gorges du Tarn ».

Francis Blanche, toute sa vie, écrira de grandes vraies-fausses séries dans diverses émissions ou même pour la scène. Il y en a tant et tant que je ne sais plus exactement où replacer mes préférées :

« À la recherche des pas perdus »,

« La pêche à la quenelle par les courageux marins lyonnais »,

« Le discours sur les origines du cintre » : « inventé en cinquante-cintre après Jésus-Christ par le moine grec, le frère Trasibule [...] d'où son nom à l'origine. [...] L'homme, sanctifié plus tard, on prit l'habitude de désigner l'objet sous le nom de saint Trasibule. [...] Avec le temps, on en conclut que le crochet était la zibule, la forme du porte-manteau le cintre. [...] Le cintre à zibule, le porte-manteau à crochet [...] Le cintre sert à tout ! Faites-le tourner autour de la zibule, voici l'origine de l'hélice de l'avion... vers le haut c'est l'hélicoptère, vers le bas c'est le chasse-neige... et quand il s'arrête c'est la Loterie. [...] Alors, mesdames, n'hésitez pas, si vos vêtements sont fripés, mettez-les sur un cintre ! Et si votre poitrine tombe, posez-la par terre ! »

Ou encore la découverte d'une très ancienne industrie méconnue « Les vieilles culottes de Pau » : « En plein cœur du Béarn [...] Pau patrie d'Henri IV et de Bernadotte est le siège d'une des plus curieuses industries françaises [...] l'industrie des vieilles culottes. [...] Aujourd'hui, les vieilles culottes de Pau sont célèbres dans le monde entier. Les armées de tous les pays en font une consommation impressionnante. [...] Oui, les vieilles culottes de Pau sont le symbole d'un monde qui ne veut pas disparaître. Hélas ! la terre est grande et il n'y a qu'une seule ville de Pau. Or il en faudrait cent, il en faudrait mille !... Car le monde entier est mal culotté !... Et le monde entier manque de Pau !... »

Il n'y a pas que lui !

De véritables citoyens dotés du droit de vote interviendront auprès des députés de partis plus traditionnels et plus institutionnels pour réclamer l'interdiction de cette « parodie de la vie politique sur les ondes nationales »... Surtout (?) après l'annonce par Dac et Blanche de leur intention de découper la tour Eiffel et de vendre ses petits morceaux aux enchères publiques, afin d'accélérer le processus financier de la « Reconstruction nationale » de notre pays endommagé par la guerre encore récente !

Le « Parti d'en rire » disparaît donc de l'antenne du Poste parisien (l'actuel France-Musique) tout comme « Faites chauffer la colle » immédiatement remplacé par « La Faculté d'en rire », interdite à son tour pour « vulgarité ». L'ensemble toujours réalisé par l'inusable Pierre Arnaud de Chassy Poulay.

Tout comme la suivante, « Studio 22 » – dont les auteurs prétendent, dans un communiqué de presse : « Studio 22 est à nos précédentes émissions ce que le yaourt est au rasoir électrique. C'est vous donner le rapport étroit qui n'existe pas entre l'échelle de corde et le sifflet à roulette. »

Avant de déboucher sur *Malheur aux barbus*, puis sur *Furax*.

En dehors de ses propres productions avec Pierre Dac, Francis Blanche n'hésite pas à intervenir dans les émissions de ses confrères, sur quelque chaîne que ce soit.

Avec Maurice Biraud (dont il sera le témoin de mariage), le mardi soir sur Radio-Luxembourg dans le « Club du sourire », ou sur le Programme national (le nom, en 1954, du France-Culture d'aujourd'hui) dans « Prenez garde à la poésie », produite et réalisée par Philippe Soupault et Jean Chouquet, présentée par Jean Poiret et Michel Serrault. Un grand spectacle, enregistré en public au théâtre Grammont [1], où se croisent les plus grandes vedettes du moment et tous les espoirs de demain, avec comme mission (quel que soit leur domaine : chansons, sketches, musiques, littérature) : la poésie en s'amusant.

Et ça marche : Piaf, Montand, Trenet, les Frères Jacques, Ferré, Brel, Brassens encore débutants;

1. *In memoriam.*

Louis de Funès, Yves Robert, André Frédérique, Jean Topart, Alain Cuny... (la liste est longue).

Et bien sûr, Francis Blanche qui virevolte et passe brillamment d'une matière à l'autre. Derrière le piano (pour les accompagnements et les intermèdes musicaux) sont assis des messieurs supposés sérieux comme Jean Wiener, Jack Diéval ou Gérard Calvi.

L'assistant de production, c'est un certain... José Artur. Il aura souvent l'occasion, pour d'autres émissions, de retravailler avec lui. Et cette fréquentation lui sera, il n'en doute pas, très profitable mais, il l'affirme, c'est comme futur père de famille qu'il apprendra le plus. Aujourd'hui encore, il évoque cet après-midi où Blanche, découvrant son fils Jean-Marie tout petit enfant jouant à quatre pattes sous le piano, lui crie « Lève-toi ». Le môme, affolé, et voulant complaire trop vite à son père, se heurte violemment le crâne contre le dessous de la table de résonance (moins dure que le montant de l'instrument, mais provoquant un bruit considérable). Le gosse hurle, pleure, et Francis, ricanant, lui assène en guise de consolation : « Ça t'apprendra à obéir aux ordres d'un con... » Par la suite, José, jeune papa, traumatisé, évitera que ses enfants ne se glissent sous les pianos.

L'autre grand souvenir radiophonique de Francis Blanche, c'est son habileté, son art dans le domaine du canular téléphonique. Il a commencé très tôt, lorsque, en prétendues vacances, il présente pour Radio-Luxembourg et Radio-Monte-Carlo des émissions comme « Poissons d'avril ».

Parmi les préférés, alors, de Pierre Canavaggio figurent : le coup de téléphone à un mécanicien de la SNCF pour lui proposer de lui racheter en cachette sa locomotive pour l'offrir à son fils ! Ou son appel à une fabrique de fermetures Éclair pour supplier qu'on lui envoie « des doigts de fée » pour décoincer celle de sa salopette...

Mais c'est bien sûr sur Europe N° 1 où, avec le succès de Furax, il bénéficie d'un statut de pensionnaire toujours bienvenu [1], qu'il peut à loisir développer sa technique infaillible.

C'est à Europe N° 1 qu'il devient, sous le nom de Macheprot, le tourmenteur préféré des Français, s'attaquant à toutes les catégories de professions, dont les représentants peuvent se révéler des plus

1. Même si un jour de 1959 il manque de se faire virer quand, après le décès de Gérard Philipe, présent dans le studio pendant qu'un journaliste interviewe Jean Vilar, le créateur du TNP, et que celui-ci, grandiloquent, lance : « À présent, plus personne ne pourra jouer *Le Cid* comme lui... », il ne peut s'empêcher d'interrompre : « Normal, ils l'ont enterré avec le costume... »

hargneux, susceptibles, agressifs, ou au contraire admirables de gentillesse, de générosité, d'abnégation.

« Francis Blanche n'était pas pervers, affirme Pierre Canavaggio, il cherchait la perversion chez les autres [...], il voulait savoir jusqu'où les gens pouvaient aller trop loin. »

Il n'est pas déçu... Les auditeurs non plus...

Cela va des réactions courroucées d'une propriétaire d'immeuble à la recherche d'un ou d'une concierge et à qui Francis demande s'il pourra, malgré l'étroitesse de la loge, exercer son autre métier : forgeron ! « Faut juste une petite place pour l'enclume », assurant que ce n'est pas trop bruyant, simplement sa femme doit jouer plus fort du piano ; à la politesse patiente, puis franchement complice et rigolarde, d'une secrétaire d'usine d'ouvre-boîtes répondant au SOS d'un utilisateur de ce type d'ustensile sur une boîte de petits pois [1] ; en passant par la complaisance d'une voyante, pas très clairvoyante dans les affaires d'adultère.

1. La dame, malgré l'incongruité de la demande et les réactions-provocations de l'appeleur, ne se départit jamais de sa gentillesse et d'une sacrée dose d'humour. À la fin, même Francis « Macheprot » Blanche ne peut réprimer ses fous rires.

Tous ces appels conclus par un éclatant : « Bonjour chez vous ! »

Il choisit aussi parfois de s'annoncer différemment, pour la joie d'un bon jeu de mots de derrière les fagots. Ainsi, ce jour-là c'est M. Sotraut qui téléphone à la directrice d'un institut de jeunes filles. M. Sotraut est directeur à Vincennes d'un cours privé de jeunes garçons et il propose à la dame de réunir les jeunes gens le jeudi pour des sorties communes, ce qui choque terriblement sa collègue (nous sommes bien avant la mixité des études et encore plus des... loisirs des élèves). Pourtant, elle aurait dû se méfier quand, dès le début, il se présente : « Sotraut, oui, le fameux cours Sotraut à Vincennes... » Même sans être turfiste, il y a de quoi éveiller l'attention. Mais non, gardienne des bonnes manières et de la virginité de ses rosières, cette duègne patentée, en refusant, nous livre un véritable exposé sur les mœurs de l'avant-68.

Dans le même genre mais plus cruel encore, Francis Blanche lève un voile d'hypocrisie en répondant à une petite annonce demandant : « Pour comptabilité, cherche jeune fille catholique... » C'est l'une de ses conversations téléphoniques les plus courtes, mais aussi des plus violentes, sous les phrases apparemment anodines d'un père cherchant un emploi pour sa fille, non catholique mais « bouddhiste », et arrivant difficilement à faire comprendre à son interlocutrice qu'il n'existe aucune relation entre comptabilité et religion !

La formule « Bonjour chez vous » servira d'ailleurs de titre, après *Furax*, à l'une des nombreuses émissions où officie Francis durant dix ans. Il y eut aussi (dans le désordre) : « Qu'est-ce qu'on peut faire un dimanche par un temps pareil ? Tiens, mets donc la radio, au moins y a de la musique ! », « Le magazine dominical de la quincaillerie et de la chanson » où il dénonce les apparentements terribles des coïncidences musicales, voulues ou pas, entre certains tubes du moment et des œuvres classiques habilement pillées, ou bien la bêtise (pour ne pas dire plus) de certaines paroles de chansons (dont les siennes) en les déclamant sans musique, comme un poème [1], ou encore l'inconsistance du show-business : « On a déjà vu de mauvaises chanteuses devenir bonnes et de mauvaises bonnes devenir chanteuses. »

Dans ce même magazine figure également un nouveau feuilleton policier *L'Étrange Napolitaine* [2]

1. Essayez, peu y résistent.
2. *L'Étrange Napolitaine* deviendra également un livre aux Éditions de Trévise en 1973.

(le mystère parfait). L'étrange Napolitaine, c'est la princesse Rondibello del Radada (née à Naples), riche héritière et présidente de la Catholic Saucisse Company, sur laquelle enquêtent longuement l'inspecteur d'Interpol Léo Skol et son adjoint l'inspecteur Gélatine. Ils doivent aussi se mesurer à deux médecins fous, les docteurs Phlouff et Takamate, de la mystérieuse clinique Drugstore-Sainte-Sheila!

Et enfin l'incontournable et délirant « Les kangourous n'ont pas d'arêtes ». À mon avis, beaucoup de Français alors ont dû rater la messe. Surtout qu'à la même époque Jean Yanne officie déjà sur Radio-Luxembourg qui devient RTL (Quand j'entends le mot culture, je sors mon transistor!) et Jacques Martin, le samedi en début d'après-midi : « Entrez sans frapper. »

« Les kangourous n'ont pas d'arêtes », cette phrase énigmatique aux allures de message codé, vient en fait d'une comptine cruelle, en forme de lettre à un petit garçon prénommé Nicolas et dont les premiers vers disent :

Les kangourous n'ont pas d'arêtes
C'est pour ça qu'i n'peuvent pas nager
Les sardines n'ont pas de têtes
C'est pour ça qu'on peut les ranger
Dans les boîtes, Nicolas...

Et, de boîte en boîte, on en arrive à une petite fille au cimetière dans un cercueil. Mais cette émission est loin – bien au contraire – d'inspirer la mélancolie. Canulars téléphoniques, sketches, phrases à l'emporte-pièce et surtout les fous rires de son chouchou de « Chichinou ». C'est ainsi qu'il a baptisé Robert Willar, celui qui, à ses côtés en studio, est chargé de présenter les messages publicitaires (pas encore enregistrés sous forme de spots uniformes) et qui doit s'y reprendre à plusieurs fois avant d'accomplir sa mission commerciale, tellement Francis use et abuse de ce « souffre-douleur » qui ne laisserait pas sa place pour un empire.

Au début, les annonceurs ne sont pas toujours ravis d'entendre leurs messages – pour lesquels ils ont payé si cher – s'achever (quand ils ont commencé !) par des cascades de rires, des gloussements, des pleurs hilarants. Car Blanche, tandis que son partenaire tente de « vendre sa marchandise », de lire le texte imposé, fait le pitre, grimpe sur la table, gesticule, commente bruyamment et même parfois – je l'ai vu – dégrafe son pantalon comme pour exhiber ses parties intimes (Il peut le faire... il l'a fait !).

Aux mécontents, les vendeurs d'espace font habilement remarquer qu'un message prévu pour 20 ou 30 secondes dure souvent plusieurs minutes, avec les tentatives du pauvre Robert Willar pour venir à bout de son pensum.

Francis Blanche, on l'a déjà vu, ne montre guère de respect pour la publicité, dont les slogans l'énervent par leur platitude ou leur manque d'imagination. Alors, c'est normal, il veut aider son « Chichinou ». Imaginez l'état du pauvre Robert lorsqu'il évoque une éponge « qui, sous vos doigts, Madame, double, triple de volume... ».

Parfois, au contraire, Francis ne dit rien et reste là à regarder l'autre, sans un mot, sans un geste. Et quand Willar, étonné du silence, relève le nez un pauvre dixième de seconde, le regard fixe de Blanche suffit pour enclencher la machine à rire... Le pire, c'est quand il se mêle de vouloir lire lui-même cette publicité ou, pire encore, lorsqu'il en invente, en s'inspirant des vraies.

Déjà, en 1960 – avant les « kangourous » –, sa phobie publicitaire lui avait attiré les foudres de l'Église, ou plus exactement du curé de Saint-Philippe-du-Roule. Dans ses émissions d'alors, il répète à loisir d'une voix caressante : « À deux pas des Champs-Élysées, à deux pas de la Madeleine,

Saint-Philippe-du-Roule, l'église la plus agréable de Paris : ses stalles confortables, son ambiance chic, huppée, sélecte. Permanent le dimanche de huit heures à midi. Saint-Philippe-du-Roule, le seul saint qui n'amasse pas mousse ! » Mgr Muller, en charge de la paroisse, excédé, menace « l'amuseur » de le poursuivre devant la justice des hommes pour diffamation – délit puni de 1 000 à 40 000 francs d'amende et/ou 5 jours à 6 mois de prison ! – s'il persiste dans ses « attaques » *(sic)* :

« J'ai fait dire à M. Blanche de cesser de parler ainsi de mon église. J'ignore pourquoi il s'attaque à elle. Je ne connais pas ce jeune homme (il a trente-neuf ans !)... c'est très gênant. J'ai même reçu une lettre d'un paroissien me demandant pourquoi je faisais de la publicité à la radio [...] Si M. Blanche continue, je lui fais un procès ! » (*Paris-Presse*, 3 12 60.)

Malgré cette menace, Francis refusera de mettre de l'eau dans son vin de messe et répondra au même journal : « Je m'en fiche, je ne souhaite qu'une chose : être excommunié ! »

Son vœu ne sera pas exaucé et Francis ne sera pas traîné devant les tribunaux. Pour ce « péché » tout au moins...

En mai 1968, les jets de pavés prennent le pas sur les flèches et les traits d'esprit. Les « kangourous » ne reviennent qu'à la rentrée et, pour prouver leur pérennité, s'intitulent désormais « Les kangourous ont la peau dure ». Pourtant, ils ne résisteront pas plus de trois ans et demi.

Le contrat de Francis Blanche ne sera pas reconduit pour la rentrée 1972. La direction d'Europe N° 1 a changé depuis ses débuts [1] et estime que Francis n'est pas à même de se renouveler, volontairement ou non. Son état de fatigue nécessite du repos, le divorce est maquillé en vacances forcées. Il est vrai que sa santé commence sérieusement à se délabrer et il n'est pas impossible qu'il connaisse quelques difficultés à suivre l'évolution humoristique de l'après-68.

Il est vrai qu'il existe des formes, des modes, des périodes de rire. Et même si Francis a su prouver durant plus de trente ans sa capacité à s'adapter aux époques traversées, il le reconnaît lui-même : « Il n'y a pas de recette... On ne fait pas ce métier de radio durant tant d'années sans essayer de démonter le mécanisme du rire et d'en étudier les ressorts. On s'aperçoit alors qu'en fait on ne sait rien, que le rire

1. Lucien Morisse s'est suicidé en 1970.

se fouette comme une mayonnaise dont il arrive qu'elle ne prenne pas. Allez savoir pourquoi ? »

Il ne tenait pas non plus à trop expliquer, il pensait que le spectacle doit garder une part d'ombre, de mystère, de secret et, à ceux qui le pressaient trop de questions dans ce domaine, il répondait en riant : « Si c'est pour disserter sur le rire, je ne suis là pour Bergson... »

Pierre Canavaggio soupçonne d'autres raisons à son remerciement : « Dans sa tranche, au printemps 1972, il s'emporte et dénonce nommément un patron de discothèque qui, par racisme, a refusé l'entrée des lieux à la chanteuse noire (échappée d'Afrique du Sud) Myriam Makeba et à l'un de ses musiciens de la même origine. À l'antenne, il se déchaîne et met à mal la réputation de l'homme et de son établissement. Furieux de cette contre-publicité, le propriétaire de la boîte, ami du " Tout-Paris politico-showbizz ", se plaint auprès du pouvoir et de la Sofirad (société d'État majoritaire). Francis Blanche est sévèrement rappelé à l'ordre pour " être sorti de son rôle, ce n'est pas à lui d'évoquer les problèmes de société... ". Étrange conception de l'humour... Toujours est-il que deux semaines après, c'est fini. »

Il est certain que cet épisode garde son importance. À peine deux ans plus tard, en octobre 1974, Jacques Chirac – alors premier ministre de Valéry Giscard d'Estaing – demandera à cette même tutelle, la Sofirad, pour cause de « persiflage », les têtes de quelques piliers de l'antenne dont Maurice Siegel et Jean Gorini [1]...

Mais il faut le reconnaître, l'usure de l'homme est avérée. La maladie réclame son dû et le caractère de Francis Blanche s'en ressent. Alors, il quitte son « Chichinou » [2].

Francis Blanche quitte Europe N° 1. Pour lui succéder, une émission avec des auteurs de BD, Goscinny, Gotlieb, Fred et Gébé : « Le Feu de camp... », mais surtout il quitte la radio où il ne reviendra plus qu'en invité.

Il s'en voudra toujours de ne pas avoir repris *Furax.* Mais, trop tard. Pierre Dac n'est plus libre.

1. Et il les obtiendra !

2. Robert Willar, qui a pris goût aux cohabitations difficiles, partagera l'antenne, dans les années 70, avec un autre personnage à l'humour dévastateur mais d'une nouvelle génération : Coluche. Là aussi, il ne ménagera pas sa peine et... ses fous rires. Il part d'Europe N° 1 en 1986 – avec de nombreux autres, dont Ivan Levaï – à l'arrivée de la première cohabitation, quand Jacques Chirac redevient premier ministre (l'Histoire toussote) et Jean-Pierre Elkabbach nouveau directeur de la station.

En 1971, il a repris, sur France-Inter, son feuilleton d'espionnage délirant (coécrit avec Louis Rognoni, commencé en 1966 et interrompu en 1967 !), *Bons baisers de partout !*, où il joue le rôle du colonel Hubert de Guerlasse, responsable du SDUC, Service de Documentation Unilatérale et de Contre-espionnage (le vrai service français s'appelle alors le SDEC), aux côtés de la plupart des anciens de *Furax*, dans des personnages comme le professeur Slalom Jérémie Ménerlache (l'inventeur du Biglotron), les frères Fauderche, l'adjudant Tifrice, le révérend père Paudemurge, Nicolas Leroidec, Albert Tunouslés, Sosthène Veauroulé, Gédeon Burnemauve (c'est Maurice Biraud), avec... José Artur comme récitant. La série continuera jusqu'en 1973, deux ans avant la mort de Pierre Dac.

Dès le succès fulgurant de *Furax* dans les années 50, Dac et Blanche avaient rêvé d'une adaptation cinématographique de leur œuvre. Cela ne s'est jamais réalisé. À présent, ils songent à la télévision.

Jean-Christophe Averty se montre intéressé, pour la nouvelle troisième chaîne de l'ORTF. On parle de Julien Guiomar...

Mais la télévision impose des contingences matérielles qu'ignore la radio. Là, on peut délirer à loisir :

la production, la fabrication ne nécessitent qu'une petite équipe. Il suffit d'un réalisateur habile, d'un ou deux assistants débrouillards, d'un ou deux ingénieux ingénieurs du son, d'un bon studio, d'une belle collection de bruitages, et on vous donne la course de chars de *Ben Hur* ou la bataille aérienne d'Angleterre.

En télévision, même avec les effets spéciaux, avec le virtuel, il faut des conditions météorologiques, de la lumière, des budgets, plusieurs prises. Faire rire dans ces conditions n'amuse pas Francis Blanche. Il a l'impression de perdre son temps, de dépendre trop « des autres ». Et puis, il l'avoue dans ses interviews : « La télévision ne m'intéresse pas. Pour moi, elle n'appartient pas au monde du spectacle. Un spectacle, c'est quand les gens sortent de chez eux, paient à la caisse, s'assoient, se taisent quand la lumière s'éteint et que le rideau se lève ou que l'écran s'éclaire. Un spectacle, c'est quand on peut casser des chaises si on n'est pas content. La télévision, c'est l'anti-spectacle. Remarquez, ça permet aux grincheux de se soulager. Je me souviens de certaine soirée où trois esprits chagrins étaient assis devant le poste. Plus moyen de suivre l'émission, chacun y allait de sa critique, voulait renchérir sur son voisin. [...] Je ne veux pas être injuste, il y a d'autres téléspectateurs, les calmes qui avalent tout ce que débite le moulin à images, fascinés parce que ça bouge et ça fait du bruit. En somme, la télévision a remplacé pour eux la flambée dans l'âtre de nos grands-pères. Ils y perdent, la télévision c'est beaucoup moins expressif qu'un feu de cheminée. Si j'en fais de temps en temps, c'est parce qu'un copain me le demande et que je ne refuse jamais rien à un copain. Je fais de la télé comme on fait les oreillons ou la rougeole. »

Et le petit nous fera quand même quelques belles rechutes [1]. Dont de nombreuses participations aux « Grands Enfants » avec Roger Pierre et Jean-Marc Thibault, des émissions avec Jean Yanne, Poiret et Serrault, etc.

Maritie et Gilbert Carpentier lui confieront même une émission poétique le samedi soir, « Tréteaux dans la nuit » (qui deviendra « Au clair de la Une »), où il dira des/ses poèmes et, avec des invités prestigieux, évoquera la grande époque du music-hall et du cabaret.

1. Il a commencé en 1955 à Télé-Monte-Carlo, sous la direction de Pierre Canavaggio, dans une série « Rêvez, monsieur Antoine » – 40 émissions – où il interprétait un personnage dérisoire, lunaire, qui se réfugiait dans le rêve mais qui, parfois, choquait les premiers téléspectateurs monégasques...

Il tournera avec Jean-Christophe Averty un très étrange *Alice au pays des merveilles.* Lewis Carroll à la manière Averty, ce n'est pas triste.

Mais *Furax* n'apparaîtra jamais sur le petit écran. En revanche, cette signature apparaîtra sur le grand. *Furax* au cinéma. Ça, Francis Blanche ne le verra pas.

Cinéma, théâtre et quelques scènes

L'un ne va pas sans l'autre.
On ne peut amuser les autres, sans s'amuser soi-même.
Et c'est bon d'entendre rire les gens...

F.B.

Une main féminine qui tente de saisir des liasses de billets débordant d'une serviette en cuir, trônant au milieu d'une table de cuisine. Les conversations des cinq hommes mûrs, qui beurrent les toasts, se figent. Subitement, une main masculine saisit le poignet de la jeune fille. Un cri mâle fuse : « Touche pas au grisbi... salope ! » Le visage en gros plan de Francis Blanche est parcouru de tics nerveux, agité de tressautements incontrôlables.

C'est l'une des scènes inoubliables des *Tontons flingueurs*, le film culte des années 60, vu et revu à la télévision pour le plus grand plaisir de ceux qui ne possèdent pas la cassette vidéo. Il existe même à présent (hélas ?) une version colorisée. Un classique du cinéma français.

Me Folage, notaire, aide de son mieux Fernand Naudin (Lino Ventura) à préserver l'héritage du « Mexicain » des vautours qui le cernent et des amis inconscients et lourdement éméchés de sa fille Patricia.

Le film de Georges Lautner [1] sort sur les écrans parisiens le 27 novembre 1963, dans le circuit d'exclusivités : Balzac, Helder, Scala, Vivienne [2].

Le succès immédiat doit beaucoup aux dialogues de Michel Audiard et aux comédiens qui, on le sent, se régalent dans cette parodie de film noir.

Avec Francis Blanche, il y a donc Lino Ventura, dans le rôle de Fernand Naudin, cet ancien malfrat rangé des voitures, qui abandonne un temps ses tracteurs à Montauban pour répondre à l'appel de son ex-ami Louis (Jacques Dumesnil), revenu d'un exil forcé en Amérique centrale mourir à Paris. Ce « Mexicain » compte sur Fernand pour préserver ses biens, mal acquis, au seul profit de sa jeune fille Patricia (Sabine Singer), élevée chez les sœurs et

1. Tourné presque entièrement dans un vrai pavillon de la banlieue parisienne, il n'a pas coûté cher à la Gaumont, mais a rapporté beaucoup depuis.

2. En 2000, seul le Balzac, devenu salle de répertoire, existe encore.

totalement étrangère aux entreprises de feu son papa : salles de jeux clandestins, maisons de passe, contrebande d'alcools, distillerie illégale, etc. Face à lui, les « envieux » qui désirent une certaine autonomie, pour ne pas dire l'indépendance. Principalement, les frères Volfoni (Bernard Blier et Jean Lefèvre) ou l'inquiétant Théo (Horst Franck).

Patricia, pour ne rien arranger, s'est entichée d'Antoine (Claude Rich), musicien hurluberlu et compositeur de musique concrète, qui agace Fernand au plus haut point.

Seuls alliés, à part le notaire, Jean-John, un maître d'hôtel cérémonieux, « Yess Seureu », mais habile de la gâchette (Robert Dalban) et la neutralité relative de Pascal et Bastien, deux cousins porte-flingues (Venantino Venantini et Marc Roney).

À première vue, tous les ingrédients du polar de série B sont réunis : action, bagarres, courses poursuites, explosions. Mais en plus il y a l'humour. Plusieurs scènes des *Tontons flingueurs* – en dehors de l'épisode précité – restent à jamais en mémoire : l'évocation par ces durs des nuits d'ivresse à Saigon, en buvant une « gnôle » particulièrement corsée ; la fin de la surprise-partie mouvementée d'anniversaire de Patricia ; les mandales à répétition de Ventura à Blier ; la demande en mariage par l'ancien diplomate Adolphe Delafoy (Pierre Bertin), le père d'Antoine, vieille ganache en redingote et gants beurre frais, en plein duel au silencieux, etc.

On n'en finirait pas de les évoquer.

Le film bénéficie aussi du décalage provoqué par l'interprétation de Lino Ventura, habitué à des rôles moins souriants et souvent accusé de trop « gabiniser » : visage de marbre, tout dans le regard inflexible, les scènes de bouffe, etc. L'amusant, c'est que *Les Tontons flingueurs* résulte de l'adaptation cinématographique d'un roman d'Albert Simonin, *Grisbi or not grisbi*, l'auteur de *Touchez pas au grisbi*, le film de Jacques Becker où Lino fit ses débuts en 1954 au côté de Gabin.

C'est Bernard Blier qui présente Francis à Lautner. Lautner le connaît déjà par la radio, il l'a vu au théâtre, au cabaret. Il devine le potentiel caché de l'association entre ces deux cruels. Car Blier, avec son air de cocker aux yeux battus, possède aussi dans la vie privée une réputation d'amateur de vacheries bien senties.

Les deux B. se retrouvent, en 1961, sous la direction de leur ami, dans *Le Septième Juré* où Blier interprète un pharmacien assassin et Blanche, à contre-emploi, un procureur particulièrement hargneux [1].

1. Avec aussi Maurice Biraud en vétérinaire anarchiste.

« J'adorais sortir avec eux... ils me faisaient hurler de rire. Rien n'échappait à leur regard critique. Le pauvre à qui ils s'en prenaient n'avait aucune chance d'en réchapper. [...] Mais chez Francis, il y avait en plus ce je-ne-sais-quoi d'attendrissant, de fragile, qui faisait qu'on éprouvait le besoin de le protéger [...]. Autant Bernard jouait les cyniques, autant Francis possédait une spontanéité, une fraîcheur de vivre. Je me souviens d'un soir où, pour aller dîner en banlieue chez des amis, nous nous étions entassés dans sa grosse voiture. Au carrefour, il s'arrêtait, klaxonnait, faisait des appels de phares et, par la vitre ouverte, il hurlait aux passants médusés : “ Mes amis et moi, on va dîner au Vésinet... ” Il avait un sens de l'imagination extraordinaire, mais, sur un plateau, il collait au texte (écrit dans les *Tontons* par le duo Simonin-Audiard, il n'y avait rien à ajouter). Lui-même était un auteur et, naturellement, il respectait les auteurs. Mais il apportait beaucoup à la crédibilité d'un personnage pourtant farfelu. »

Si la complicité de Blier et de Blanche est totale, Lino Ventura, lui, trouve que Francis outre un peu trop son rôle et, inquiet, dans sa loge, il commet l'erreur de le confier à Blier... qui s'empresse de le répéter à Blanche... qui en rajoute encore ! Lino, malgré tout, aime bien Francis – un peu italien par sa mère – qui, comme lui, prépare très bien les pâtes. Il acceptera même de le retrouver, en 1964, pour un autre Lautner, *Les Barbouzes* (également avec Bernard Blier et Mireille Darc), où Francis, en espion soviétique, en remet une couche.

« Moi j'aime les acteurs qui surjouent... juste. Avec lui, j'étais servi... On a tourné une demi-douzaine de films ensemble [1]... Après, c'est vrai qu'on s'est un peu perdu de vue... Je le regrette mais il avait un agenda tellement surchargé que pour convenir d'une date ! [...] Et puis, il faut l'avouer, il acceptait un peu n'importe quoi. [...] Dans les dernières années de son existence, vu les impératifs de son train de vie, en dehors de *Belle de jour* de Buñuel et de quelques Mocky, il n'a pas tourné que des chefs-d'œuvre. Comme on dit, il courait le cacheton. C'est très dommage, car il valait mieux que les pitreries infligées [...]. Si la télé avait été ce qu'elle est aujourd'hui, il serait devenu une grande vedette dans les téléfilms où il aurait décroché les meilleurs rôles [...]. Parfois, je ne sais pas pourquoi, je nous revois, quelques jours avant la première des

1. Dont *Les Pissenlits par la racine*, en 1964, avec Darry Cowl, Louis de Funès, Mireille Darc et *La Grande Sauterelle*, en 1967, également avec Mireille Darc.

Tontons, chez lui place des Vosges, le soir de l'assassinat de John Kennedy. C'est un autre homme que j'ai vraiment découvert. Je crois que tous ceux qui ont vécu cet instant se souviennent où ils se trouvaient, ce qu'ils faisaient. Et l'image que je garde de Francis, c'est celle de sa pudeur, de sa réserve, de sa délicatesse, de son humanisme et de son humanité. Car, s'il avait toujours envie de faire rire dans la vie, si pour beaucoup il reste le canulardiste énorme, pour moi c'est avant tout un être qui ne montrait que ce qu'il voulait montrer... Je lui conserverai toujours une grande tendresse. »

Quand il rencontre Lautner, Francis Blanche n'est pas débutant au cinéma. C'est Trenet qui lui met le pied à l'étrier, un petit rôle à ses côtés dans une aimable bluette de 1942, signée Jean Boyer, *Frédérica* (avec Elvire Popesco), surtout prétexte à chanter pour le chanteur.

Puis, après la guerre, en 1947, il écrit le scénario et les dialogues d'un film de Raoul André sur les coulisses de la radio, *L'assassin est à l'écoute.*

En 1949, il retrouve un jeune comédien, déjà rencontré sur *Frédérica*, Maurice Baquet, pour un vaudeville, *Tire au flanc*, réalisé par Fernand Rivers d'après – dit l'affiche – « la célèbre pièce militaire » d'André Sylvane et Mouezy-Eon, musique d'Henry Verdun (ça ne s'invente pas). Sur cette même affiche hyperréaliste, on voit, sous le bandeau « Les deux nouveaux as du rire : Francis Blanche et Maurice Baquet », nos deux héros en tunique bleu horizon et pantalon garance, sortis du rang formé par d'autres pioupious, en train de subir les réprimandes d'un galonné à monocle et moustache blanche tombante (Pierre Bertin, ex-sociétaire de la Comédie-Française). Sur le dessin, Francis baise un crâne entièrement chauve [1].

On ne saurait citer ici tous les films de Francis Blanche. À part quelques curiosités comme *Tire au flanc*, sur la centaine (et plus) auxquels il a participé, peu, comme l'indique Georges Lautner, supportent l'évocation.

Dans le registre « étrangeté », citons deux autres films dont il a écrit scénario et dialogues (et auxquels il a participé) :

Une fille à croquer (adaptation cinématographique, également réalisée par Raoul André, du *Petit Chaperon rouge*). En 1950, avant la sortie du

1. Je dis sur le dessin, car je n'ai pas vu le film et je le déplore. Avis à d'heureux collectionneurs... Également au générique : Paulette Dubost, le « fantaisiste » Bob Harley et les célèbres Rigodons.

film, dans lequel il joue avec Louise Carletti, Serge Reggiani et Gaby Morlaix, il accuse Charles Perrault de l'avoir plagié en écrivant son conte : « Je trouve honteux que des gens, sous prétexte qu'ils sont nés avant nous, en profitent pour voler nos idées [...] mais Charles Perrault n'en est pas à son coup d'essai : *Cendrillon* de Disney, *Barbe-Bleue* de Christian-Jaque [...]. Je me console en pensant que je ne suis pas le premier piégé. Un certain Abbé Prévost ne s'est-il pas inspiré de la *Manon* de Henri-Georges Clouzot et Shakespeare, avant d'écrire *Roméo et Juliette*, n'a-t-il pas vu *Les Amants de Vérone* d'André Cayatte ? »

Faites-moi confiance, de Gilles Grangier, qui sort le 10 novembre 1954 aux cinémas Palace et Dejazet, avec Jeanne Fusier-Gir, Colette Ripert, Gabriello, Pierre Larquey, Louis de Funès et, en vedette : Zappy Max. À l'origine, Francis s'était écrit ce rôle principal pour lui, mais les producteurs (Olympic) avaient préféré le confier à une vedette plus populaire.

Et puis il y a ce film qui, hélas, n'a jamais vu le jour, mais dont il rêve dès 1948, une grande fresque historique sur Vercingétorix, avec « André Claveau dans le rôle du chef gaulois ! », écrit Yves Gibeau dans *Combat*, en ajoutant que « Francis se contentera de donner ce nom à son chien (tout petit) ».

D'après Alain Spiraux, alors journaliste à *Paris-Journal* (1959), Francis prétendait – autres frustrations – qu'il aurait « tourné dans le film de Henri-Georges Clouzot, *Le Salaire de la peur* (1953), mais que sa participation avait été supprimée au montage et qu'on lui aurait proposé le rôle de Sancho Pança dans un *Don Quichotte* avec Fernandel ». Il est vrai qu'il fut le partenaire de ce dernier en 1956 dans *Honoré de Marseille*.

Le vrai succès populaire, il l'obtient en 1959 avec sa composition, dans *Babette s'en va-t-en guerre* de Christian-Jaque, du fameux Papa Schultz, cet officier SS ridicule qui hurle dans un mauvais français à Brigitte Bardot terrorisée cette réplique qui fait le tour des ateliers, des bureaux, des écoles : « Vous serez fusillée très sévèrement tous les matins... »

La formule fait mouche, l'accent guttural également.

Car Blanche, se souvenant, comme pour *Furax*, de son beau-père juif allemand ayant abandonné sa mère, agrémente son texte (scénario de Gérard Oury, dialogues de Michel Audiard) de jurons en yiddish approximatif. Le réalisateur apprécie peu. Mais ça fait hurler de rire le producteur Raoul Lévy qui, connaissant cette langue, l'aide à trouver les mots justes. Et, malgré ce pari encore impensable alors (la guerre est finie depuis moins de quinze ans), il arrive à faire rire en nazi brutal, avec des phrases comme « Essayez donc de faire avouer à un Japonais qu'il est juif. Vous verrez comme c'est difficile ! » ou des gesticulations encore présentes dans bien des mémoires [1].

Cette même année 1959 (il a trente-huit ans), il tourne un autre très grand film avec l'ami de ses débuts au cabaret, Bourvil : *La Jument verte*, d'après Marcel Aymé (adapté et dialogué par Jean Aurenche et Pierre Bost), réalisé par Claude Autant-Lara. Il y a aussi Sandra Milo, Valérie Lagrange, Yves Robert, Achille Zavatta...

André Raimbourg, l'ancien boulanger monté à Paris de son petit village de Bourville en Normandie avec, comme il dit, « pour seul piston son cornet », joue aussi de l'accordéon dans les bals et les guinguettes, et n'hésite pas à chanter, en benêt à béret, dans les crochets, des chansons faussement innocentes, sans dissimuler son accent de campagnard

1. Bizarrement, Blanche ne garde pas trop de souvenirs du tournage, si ce n'est que, pendant une pause, Jacques Charrier « l'a battu aux échecs en jouant mal ».

normand. Aussi joue-t-il avec plaisir le rôle principal (Blanche interprète le vétérinaire gaffeur) dans cette comédie gaillarde dont la verdeur des propos et des situations amènera plusieurs maires conservateurs à en interdire la projection dans leurs municipalités.

Bourvil – c'est son nom d'artiste, choisi dès ses premiers pas sur scène – excelle bien sûr dans les rôles de paysan ahuri et matois : « L'imbécile heureux, voilà mon emploi. Que je m'évade de temps en temps, je ne dis pas non. Mais ce sera toujours pour y revenir [1]. »

Les « évasions » de Bourvil, ce sont ces personnages plus complexes qu'on lui propose depuis qu'il a joué dans un autre film d'Autant-Lara, *La Traversée de Paris*, en 1956, avec Jean Gabin [2].

1. Francis Blanche – né à Paris d'une mère italienne – revendique lui (du côté de son père) des origines basques. Sur le tournage de *La Jument verte* aux studios de Joinville, il glisse à Jean Fayard, du *Figaro*, avoir ses racines dans « un petit village entre Bayonne et Peyrehorade ». Dans ce même article du 30.9.1959, le journaliste écrit qu'il le trouve « gentil, simple, plein à la fois de prévenance et de drôlerie parfaitement naturelle ».

2. Son dernier film, *Le Cercle rouge*, de Jean-Pierre Melville, où il apparaît, déjà très marqué par la maladie qui va l'emporter en juillet 1970, dans un rôle de commissaire de police avec Yves Montand, Alain Delon, François Périer, Gian Maria Volonte, n'est pas à proprement parler un film comique.

Avant la disparition de Bourvil, Francis Blanche aura souvent la joie de le retrouver dans plusieurs films de Jean-Pierre Mocky, le metteur en scène qui saura le mieux utiliser ce curieux tandem (*Un drôle de paroissien* [1963], *La Cité de l'indicible peur* [1964], *La Grande Lessive* [1968 – étonnant pamphlet anti-TV] et *L'Étalon* en 1969 [1]).

Bizarrement, ce n'est pas pour *Babette s'en va-t-en guerre* ou *La Jument verte* que Francis obtient, en cette année 1959, le Grand Prix de l'humour cinématographique (prix Courteline), mais pour son rôle dans une comédie de Jean Bastia (sur un scénario de Pierre Daninos) : *Certains l'aiment froide...* qui n'a pas laissé de souvenirs impérissables. Ce prix est décerné par un jury, réuni à *La Closerie des Lilas*, composé, entre autres, de Maurice Dekobra, du peintre Foujita ou de la comtesse de Toulouse-Lautrec, etc. Pour mémoire, *Certains l'aiment froide...* sort la même année (après) que le film de

1. Au total, Blanche tournera neuf films sous la direction de Jean-Pierre Mocky. En plus de ceux déjà cités, notons *Un couple* (1960), *Snobs* (1961) avec Pierre Dac et Jacques Dufilho, *Les Vierges* (1962) avec Michel Serrault et Charles Aznavour, *Les Compagnons de la marguerite* (1966) avec Claude Rich et Michel Serrault et, en 1974, année de sa mort, *Un linceul n'a pas de poche* avec Michel Serrault et Jean Carmet.

Billy Wilder *Some Like It Hot*, en français *Certains l'aiment chaud*. Mais tandis que l'un aligne des stars comme Marilyn Monroe, Jack Lemmon et Tony Curtis, l'autre inscrit à son générique Pierre Dudan, Jean Richard, Noël Roquevert et Louis de Funès (dans un petit rôle) !

Francis Blanche n'en a cure. Il jouit à présent d'un statut de vedette à part entière : « Il était fou de joie de devenir populaire, commente Gérard Calvi. À l'écouter, il rêve de devenir l'égal de Delon. Un jour, il m'a même stupéfié en me confiant qu'il aimerait qu'on lui propose la Comédie-Française, comme pour Raimu auparavant... »

En attendant ce jour (qui ne viendra pas), il enchaîne film sur film. Entre 1959 *(Babette...)* et 1963 *(Les Tontons...)*, il aligne près d'une trentaine de films dont deux superbes nanars alimentaires tournés en Italie (pour des questions de cachets échappant au fisc français) : *Les Pilules d'Hercule* et *Le chat miaulera trois fois* (où il rendosse l'uniforme nazi) sous la direction d'un certain S.V. Steno !

Dans le lot, en 1961, un *Vive Henri IV, vive l'amour* (avec dans le rôle du Vert Galant une autre gloire radiophonique, Francis Claude), sous la direction de Claude Autant-Lara (son réalisateur dans *La Jument verte*) qu'il n'apprécie guère, même si le cinéaste aime à se définir comme « un petit bourgeois anarchiste [1]... » Et un nouveau film avec Christian-Jaque, *La Tulipe noire* [2] avec Virna Lisi et... Alain Delon.

Et puis, en 1962 surtout, Francis Blanche passe des deux côtés de la caméra, avec sa première mise en scène, *Tartarin de Tarascon*, d'après *Les Lettres de mon moulin*. Ce conte d'Alphonse Daudet, où sévit le vantard provençal, déjà adapté en 1934 par Marcel Pagnol pour une réalisation de Raymond Bernard avec Raimu, Charpin et Milly Mathis, avait connu un certain succès. C'est la maison de production qui le pousse à reprendre le flambeau. N'étant pas provençal, il travaille pour l'écriture avec Yvan Audouard (qui en gardera un très mauvais souvenir) et Raoul André pour la coréalisation. Comme comédiens, il compte sur Jacqueline Maillan, Alfred Adam, Paul Préboist, Hubert Deschamps et Darry Cowl.

Mais cette première œuvre ne va pas pleinement satisfaire Francis. Loin de là. Dès les premières projections privées (avant la sortie officielle), il est suffi-

1. Je crois qu'il ne s'agissait pas de la notion exacte de cette philosophie, même s'il répétait : « Un film qui n'est pas méchant, c'est ennuyeux. Si un film n'a pas de venin, il ne vaut rien... »

2. *La Révolution*, d'après Alexandre Dumas, adapté par Henri Janson.

samment lucide pour se rendre compte que son « œuvre » n'atteindra pas le niveau de ses espérances : « C'est fini, avoue-t-il à un journaliste, le film est monté. Il n'attend plus que d'être descendu... par la critique. »

Et ça ne rate pas. *Tartarin* subit un véritable éreintement des professionnels, mais surtout le public le boude. *Tartarin de Tarascon* (jugé trop triste par rapport à l'original) quitte très vite l'affiche des cinémas. C'est un terrible échec commercial dont Francis ne se remettra jamais complètement.

Les spectateurs n'acceptent pas que lui, le petit gros, leur livre un « produit » si différent de ce qu'ils attendent. Pour eux, *Tartarin* c'est forcément du comique, surtout si lui, Francis, le joue et le réalise. Ils n'acceptent pas non plus sa transposition à l'époque contemporaine. « Pourtant, se justifie Francis, il y a davantage de différence entre le Sahara du pétrole de 1962 et le paysage imaginé par Tartarin, qu'entre le Grand Désert de 1850 et celui qu'il découvre en 1880. »

Il ne se remettra jamais de ce divorce avec le public. Il évoquera toujours ce qu'il maintient demeurer un malentendu : « Tartarin, contrairement à l'idée reçue, n'a rien d'un comique, même si parfois il provoque le rire... c'est un personnage poétique et rêveur, un peu comme Don Quichotte. » Il répétera souvent « qu'il serait disposé à tout lâcher pour la mise en scène de cinéma ». Il songe encore, dix ans plus tard, à réaliser lui-même *Furax* pour le grand écran, mais les producteurs ou financiers potentiels, au souvenir du « bide » monumental, renâclent [1].

Pour Pierre Canavaggio pourtant : « Francis aurait pu devenir un grand directeur d'acteurs, je le crois même plus doué en ce domaine que comme comédien ! » Et il s'accorde avec Gérard Calvi pour conclure que, dans *Tartarin de Tarascon*, « sa grande erreur fut d'avoir coréalisé avec Raoul André. On s'attendait tous à quelque chose de plus personnel or, à mon avis, il s'est laissé faire par son ami, en partie responsable – c'est ainsi – de quelques-uns de ses pires navets... Mais Francis était un tendre, fidèle en amitié, et il se souvenait de ses débuts après la guerre ».

Effectivement, il collectionne avec Raoul André une série de films peu ambitieux dont les calami-

1. Pour tenter de camoufler cette absence de nouvelle tentative, Francis explique : « Je sais faire du cinéma, mais je ne sais pas taper aux portes. Voilà pourquoi je tourne parfois des âneries, réalisées par des gens qui, eux, ne savent pas faire du cinéma mais savent frapper aux portes afin d'obtenir les crédits nécessaires... »

teux *Ces messieurs de la famille* et *Ces messieurs de la gâchette*, en 1969, bien après la catastrophe de *Tartarin*. Force est de constater que, par moments, Francis – acteur – semble éprouver comme un plaisir pervers à se complaire dans des productions guère reluisantes.

Comme l'écrit *Le Soir* de Bruxelles au lendemain de sa mort : « Au cinéma, il subit le même " drame " que Roger Pierre et Jean-Marc Thibault et d'autres. On se sert de son nom mais on ne sert pas son talent. »

Quand on tente de reconstituer sa filmographie, le contraste est saisissant. Les plus grands noms voisinent avec les pires tâcherons. Les rôles les plus ridicules, humiliants, blessants même... Certains titres parlent d'eux-mêmes.

Citons dans le désordre : *Faut pas pousser grand-mère dans les orties*, avec la championne de ski Marielle Goitschell, *Qu'est-ce qui fait courir les crocodiles*, *La Grosse Combine*, *La Grande Java*, *La Grande Mafia*, *Les Gros Bras*, *La Dernière Bourrée à Paris* (en 1973, après le succès l'année précédente du *Dernier Tango à Paris*), *L'Abominable Homme des douanes* et autres *Pique-assiette*, ou ces succès avérés du moment que sont la demi-douzaine de films oubliés avec Darry Cowl – onze d'après mes calculs.

Les producteurs rêvaient de faire de Blanche et Cowl les Laurel et Hardy français !

Francis le reconnaît, en annonçant aux journalistes le énième tournage de *Furax*, à quelques mois de sa disparition : « Je n'ai pas toujours été bien servi. Le cinéma comique n'est pas bon en France. C'est parce que les gens n'ont pas encore compris l'importance du scénario. Alors, comme dans les auberges espagnoles, j'ai été obligé bien souvent d'apporter mon “ repas ”. [...] Si l'on n'invente pas un peu soi-même, si l'on n'ajoute pas au texte ou si l'on ne coupe pas, c'est de la non-assistance à personne en danger. [...] Ce qui me surprend le plus dans ce métier, c'est d'y rencontrer autant de personnages que, eux, ça ne surprend pas *(sic)* ! Croyez-moi, au cinéma, j'ai avalé nombre de couleuvres et pire encore... C'est vrai que je semble parfois abonné aux soupes écœurantes. »

Dès qu'il le peut, il multiplie les déclarations de bonnes intentions, les promesses. Il le jure, il est las de jouer le pitre, de provoquer le rire à tout prix. En 1970, en attendant la sortie d'un film de Jean Aurel, *La Marche du fou* (adaptation et dialogues de Jean Yanne, engagé sur les conseils de Francis qui ne peut, trop pris, accepter cette charge), en compagnie de Yanne lui-même, de Françoise Fabian, de Nicole Calfan et... de Roger Peyrefitte (l'auteur des *Amitiés particulières*), il déclare à Claude Couderc (aujourd'hui l'un des directeurs de FR3, mais à l'époque reporter à *Paris-Jour*) : « Ce film n'est pas comique du tout. J'ai un rôle extrêmement sérieux. J'ai la ferme intention de me renouveler, voire même d'exiger des emplois différents. D'ailleurs [...] je commence à tourner prochainement à Marseille où là non plus il ne sera pas question de rigolade. Je veux montrer que je suis capable d'autres choses. » Est-ce par souci de racolage, pour jouer sur l'image de Yanne et de Blanche : *La Marche du fou* deviendra, pour son « exploitation », *Êtes-vous fiancée à un marin grec ou à un pilote de ligne ?*

Quand il tourne *Le Sang des autres*, de Marc Simenon, où il interprète un médecin mêlé à une prise d'otages, il précise encore : « Avec Charles Vanel et Bernard Blier, on me prendra peut-être au sérieux. » Hélas, le film sort en mai 1974 – c'est-à-dire au moment où l'opinion se focalise sur l'élection présidentielle qui suit le décès de Georges Pompidou – dans la plus complète indifférence.

Pourtant, c'est Marc Simenon (disparu en 1999), ancien assistant de Georges Lautner, qui va réaliser son rêve : *Furax* sur les écrans ! Hélas, il ne le verra jamais et Pierre Dac non plus. En 1980, Marc Simenon rameute une troupe très hétéroclite d'amis, d'anciens complices ou d'admirateurs qui veulent ainsi rendre hommage au feuilleton mythique et à ses auteurs. On y retrouve, parmi d'autres, Bernard Haller, Jean-Pierre Darras, Mylène Demongeot, Dany Saval, Jean Le Poulain, Roger Carel (ex-souffre-douleur de Francis), Paul Préboist, Coluche, Pierre Tchernia, Pierre Desproges, etc. (et même votre serviteur dans un modeste rôle d'agent de la DST vérifiant les laissez-passer à l'entrée des WC, en fait un mystérieux passage secret... Une sorte de chef de cabinet en quelque sorte).

Pour résumer cette carrière cinématographique, Jean-Marc Thibault, qui, avec Roger Pierre, l'accompagna dans quelques-uns de ses films des années 40-50 ou des films inspirés par leur duo, ne s'en cache pas : « Pour nous, ces films c'était avant tout une bonne partie de rigolade. [...] Et puis faut bien manger. [...] Dans ce métier, quand on vous propose un scénario, c'est pas écrit dessus : " Attention, chef-d'œuvre ! " Bon, c'est sûr, parfois on peut le deviner, mais il y a des périodes où il est difficile de refuser [...]. Francis, il avait toujours besoin de fric pour ses pensions alimentaires ou son percepteur. [...] Devenir exigeant pour ses rôles, ça implique de refuser, d'accepter des sacrifices. Impossible pour Francis de dire non, de se priver, de se refuser tous les plaisirs de l'existence. [...] D'ailleurs, même s'il l'avait voulu, Francis ne l'aurait pas pu ou alors... Car il avait trop de pudeur pour être un acteur autre que parodique. [...] Quand tu deviens acteur, il ne faut pas que tu t'aimes. Or, lui, il passait son temps à cacher sa sensibilité, donc il se vautrait dans la caricature. »

Au contraire, Pierre Canavaggio, plus réaliste, remarque : « Le cinéma fut surtout pour lui, c'est vrai, un moyen de gagner de l'argent... Mais ça ne l'empêchait pas d'avoir du talent ! »

Francis a tenté quelques incursions sur les planches, plus tardivement. Au début, il y avait surtout ses propres spectacles dans les cabarets, les music-halls, ou dans des salles plus vastes comme présentateur des autres. C'est une fonction qui a peu à peu disparu, mais à l'époque un « rigolo » de service introduisait chaque attraction. Ça pouvait aller du ridicule « Elle revient tout droit d'une tournée au Kurdistan... » lancé par un ou une minable, à un véritable numéro joué par Francis.

Roger Pierre et Jean-Marc Thibault, surgis en force dans l'univers des représentations, des tournées, l'imposaient [1] surtout lorsqu'ils se trouvaient dans le Midi. Car après la représentation, Francis les entraînait dans de folles nuits à Èze ou dans les environs.

Un jour, à midi, dans un casino de la Côte (Menton), Jean-Marc arrive le premier. Le directeur l'accueille l'air gêné :

« Ah, monsieur Thibault, c'est terrible. Sur les affiches, l'imprimeur a oublié de mentionner " Présenté par Francis Blanche ". Vous pensez que ça risque de le contrarier ?

– Ben...

– Oui, avec son caractère, je comprends qu'il pique une colère... »

Quelques instants plus tard, Francis descend de sa voiture américaine, jette un regard à l'affiche, remarque l'oubli. Jean-Marc Thibault sourit. Le directeur, le visage congestionné, transpire à grosses gouttes.

« Oh, je suis désolé, monsieur Blanche, c'est une regrettable erreur, croyez-moi, je suis confondu, confondu... »

1. Il les annonçait toujours en terminant par : « Vous verrez, il y en a un meilleur que l'autre ! »

Alors, sans se départir de son calme, Francis le regarde froidement et répond :

« Confondu ? Ce n'est rien, monsieur, certainement un effet de la chaleur ! »

De cette ville des Alpes-Maritimes, il se moquera souvent et prétendra même que c'est dans cette cité qu'il a créé son premier mouvement politique « Le mouvement de Menton ».

On retrouve Francis Blanche sur les scènes des théâtres également en tant qu'auteur : avec les livrets des *Belles Bacchantes* et autres comédies musicales de Robert Dhéry, avec Gérard Calvi, mais aussi à l'Opéra de Paris, où il écrit l'argument d'un ballet pour la troupe de Serge Lifar (70 danseurs) sur une musique de Jean Lutèce, *Septuor*.

À l'origine, il prévoit de le baptiser « Sept cordes » (il s'agit de l'adaptation du poème de François Villon « La ballade des pendus » et des gibets servent de décors, en arrière-plan). Mais la superstition des gens de théâtre exige qu'on ne prononce jamais le mot « corde », comme les marins ne doivent jamais citer le mot « lapin » sur un bateau. À l'époque (hiver 1950) Francis, qui n'a pas trente ans, déclare : « L'argument de ce Septuor est une petite chose écrite quand j'avais dix-huit ans, puis remaniée. [...] Un court machin très emmerdant, devenu un long ballet très emmerdant. »

En 1956, c'est le livret pour les Frères Jacques de *La Belle Arabelle* (où il joue pour la dernière fois sur scène avec son père – voir chapitre Chansons, etc.) et, moins connue, l'année suivante, l'adaptation de l'opérette de Paul Colline (auteur, entre autres, de la série avant-guerre des *Adémaï* qui révéla Noël-Noël) : *Les Chevaliers du ciel*, avec Luis Mariano à la Gaieté-Lyrique. Écoutez bien les paroles des grands airs ou quelques répliques, avec le recul l'« adaptation » relève plus de la « correction » du texte initial.

En 1960, le metteur en scène André Barsacq le choisit pour interpréter Néron dans *L'Étouffe-chrétien*, la pièce de Félicien Marceau, face à Arletty (Agrippine la jeune, la redoutable mère de l'empereur fou). On est loin de la tragédie de Racine *(Britannicus)* mais sans doute proche de la réalité, par l'acidité des propos et le grotesque de la situation. Francis adore ce rôle de Romain dément et cruel, et puis jouer face à Arletty, il en éprouve beaucoup de fierté. Hélas, si la pièce connaît un beau succès d'estime, le décalage est tel avec ce que l'on croit savoir de l'Antiquité et l'empreinte de l'œuvre classique reste si forte dans les esprits que, comme le constate Darry Cowl : « Si dans ce personnage de Néron il était formidable, il n'a pas convaincu le public... »

C'est avec le même enthousiasme pourtant qu'il accepte, pour deux semaines exceptionnelles, en février 1961, dans le cadre du cycle Molière au théâtre du Palais-Royal, d'endosser le costume de Tartuffe : « Incarner Tartuffe ? J'y pensais depuis longtemps. Molière aussi assurément. Notre vœu commun s'est enfin réalisé ! » Ses partenaires se nomment Madeleine Robinson (Elmire), Jacques-Henri Duval (Cléante) et Jean Meyer (Orgon), également metteur en scène. Ce n'est pas encore la Comédie-Française, mais ce pourrait bien en devenir l'antichambre. Francis pousse même l'obligeance jusqu'à tenter de réhabiliter le personnage :

« J'estime Tartuffe remarquable, admirable. Je le trouve intelligent, malin, sympathique. C'est bien simple, il me ressemble...

– Mais, l'interrompt un journaliste, c'est surtout un hypocrite. Il tente de séduire Elmire, l'épouse d'Orgon...

– Et alors, la belle affaire ! Il veut coucher avec la femme de son meilleur ami ? Il n'est pas le seul. Rien de plus classique !... Le théâtre de boulevard doit beaucoup à de tels hommes... Les défauts qu'on lui reproche restent pour moi des qualités !... Tarfuffe est une victime de la calomnie. [...] Si tous les Tartuffe ne trompaient que les idiots, ceux-ci seraient encore plus nombreux qu'on le croit ! »

Hélas, la Maison de Molière reste sourde à ses appels (du pied évidemment). Accaparé par ses innombrables activités (voir plus haut), il ne réapparaîtra sur la scène d'un vrai théâtre qu'en février 1968 avec la création aux Bouffes-Parisiens de son fameux *Adieu Berthe*, adaptation d'un succès de Broadway des années 20-30 de John Murray et Allen Horetz, *Room-Service* (porté à l'écran en 1938 par les Marx Brothers et devenu en français *Panique à l'hôtel*).

Francis, qui travaille avec Albert Husson, préfère parler de « mise en pièces ». Et il faut admettre que le terme est littéral. Il ne reste pas grand-chose de l'œuvre originelle, sinon le canevas : un producteur ruiné et pas très honnête tente de récolter des fonds pour mettre à l'affiche une pièce, *Adieu Berthe*, avec sa troupe minable abritée dans un grand hôtel dont ils ne peuvent, bien entendu, régler la facture. Le producteur, c'est Francis, entouré de Jean Carmet (le régisseur), Jacques Jouanneau (l'auteur), Bernard Dumaine (le metteur en scène), Hubert Deschamps (le directeur de l'hôtel), Jean-Roger Caussimon (le propriétaire de la chaîne d'hôtels), Laurence Riesner (le financier potentiel) et une toute jeune comédienne débutante, Nicole Garcia [1] (la secrétaire).

La véritable mise en scène est confiée à l'ami Jacques Charron.

Si la version américaine, surtout par les Marx Brothers, atteint des sommets, là aussi on nage en plein délire. Selon les soirs – la forme des uns et des autres, les changements imprévus de texte, les rajouts, les jeux de mots, les blagues, les pièges que se tendent les complices patentés, les fous rires –, la durée de la pièce, prévue pour deux heures, oscille entre 2 h 30 et 3 heures. Certains soirs, on atteint 3 h 30 ! Mais *Adieu Berthe* se joue à guichets fermés et connaîtra pour la saison 1969-70 des tournées triomphales en France et à l'étranger (Suisse, Belgique, Tunisie, Maroc, Portugal, et même aux Antilles).

Il retentera la même aventure avec *Un yaourt pour deux* en janvier 1973, au théâtre Grammont (avec Michel Roux et Monita, sa dernière conquête, dans un petit rôle). Hélas, sa maladie progresse. L'entrain, la gouaille, la créativité aussi peut-être, régressent. Sa vie assez insouciante jusque-là se transforme également (fisc, santé, amours, etc.).

1. Nicole Garcia, déjà très demandée, sera remplacée par Cendrine Carnero lors des tournées.

Pourtant, le thème de *Un yaourt pour deux* s'adapte à la situation. L'histoire d'un glouton obligé de maigrir !

Claude Fléouter, du quotidien *Le Monde*, le rencontre alors et s'étonne : « Il a toujours une émission de TV à tourner, un film à commencer, une radio à enregistrer, son *Furax* à adapter, mais (en venant) il a écrit une chanson dans sa voiture parce qu'il s'ennuyait un peu. [...] Il étale toujours des idées, des projets, mais il manque de temps pour les concrétiser. Il joue depuis quinze jours au théâtre Grammont *Un yaourt pour deux* et pourtant, il semble déjà penser à autre chose, vouloir se créer des occasions de travailler plus encore pour s'occuper. »

Comme Francis le raconte dans une ancienne chanson « Ça tourne pas rond dans ma petite tête... » (même s'il en plaisante : « Je suis l'arc-en-ciel de la démence. Mon univers oscille entre la paranoïa et la schizophrénie »).

Et si, en termes plus simples, Francis Blanche n'était plus heureux de vivre ?

Épilogue

Une journée sans canular serait comme un gruyère sans trou.

F.B.

Pour pénétrer dans mon intimité, dans mes secrets. c'est au fond à gauche.

F.B.

Tout a une fin. Tout doit avoir une fin. Une vie, des vies, autant qu'un livre.

Je n'aime pas le mot conclusion. Je tiens à ce qu'une porte reste entrebâillée ou tout au moins sans verrou, sans cadenas, sans serrure dont on risquerait de perdre la clef. Même s'il n'existe plus rien au-delà, même si un intrus, un étranger risque de pénétrer plus tard par cette issue.

Longtemps, si longtemps après le départ trop précipité de Francis Blanche, il me semble pourtant que je suis cet intrus, cet étranger qui ne le connaissait guère et qui n'en sait pas plus.

Bien sûr j'ai écouté les uns et les autres, j'ai appris, surpris des instants d'existence, des lambeaux de vie(s). Volontairement ou non, j'ai oublié certains détails. Non pas que je me sente le censeur ou que je veuille conserver un privilège, une supériorité quelconque, mais parce que, à tort ou à raison, je pense que l'homme ne vaut que par ses secrets. En journalisme, on apprend qu'il n'existe aucune question indiscrète... seules les réponses le sont. Mon propos n'est pas de ressusciter les morts ou de leur faire faire des déclarations exclusives. Juste une promenade d'un moment dans les allées du souvenir avec parfois une escapade dans un sentier de la mémoire. La sienne, la mienne ou celle de ceux qui l'ont aimé.

Tenter des retrouvailles avec l'homme, ce qu'il a pu ou voulu laisser. Et cela ne se limite pas à l'héritage de ses œuvres : sketches, films, chansons, émissions. Jean-Marc Thibault l'affirme : « Francis n'a jamais été jugé à sa juste valeur en tant qu'homme. » Je ne me sens pas l'âme d'un juge mais, avec ce livre, je veux qu'il soit possible au public, et donc au jury universel, de se forger au moins une opinion.

Il ne s'agit pas de s'extasier, d'idolâtrer ou au contraire d'accabler, d'agonir ou de condamner. Sa vie, Francis Blanche l'a voulue, désirée, réalisée. Lui seul doit en être tenu responsable. Y compris de ses erreurs, de ses à-peu-près, de ses réussites ou de ses échecs professionnels ou personnels. Comme le dit Gérard Calvi : « Il s'en foutait de s'en foutre [...]. S'il se complaisait dans la pitrerie, le grotesque à l'écran ou dans la rue, c'est qu'il voulait être ce qu'il était réellement : un clown ! Même si, effectivement, simultanément, il aspirait à ce qu'on le prenne au sérieux. L'un n'empêche pas l'autre. À mon avis, il cherchait, en tous domaines, la reconnaissance, et il provoquait pour éviter de se livrer. »

D'ailleurs, quelques jours après sa mort, un journaliste du quotidien belge *Le Soir* démontait habilement le mécanisme Blanche : « Il aimait cette image de poète, victime consentante de son physique de gugusse [...]. C'était aussi un bourru qui caparaçonnait sa tendresse. Une main généreuse dans un gant de crin avec cinq doigts de drôlerie. » Le même article rappelle d'ailleurs un épisode qui contribue à sa légende de « terreur » des journalistes : « C'était aussi un râleur. Venu un jour interpréter une pièce à Bruxelles, il eut quelques jurons bien sentis pour un de nos critiques qui l'avait pas mal éreinté. Francis découpa alors l'article et le colla devant sa loge, à la place du paillasson. Ainsi, chaque fois qu'il pénétrait dans cette loge, il pouvait exprimer son mépris en piétinant le papier. »

Dans un article des *Nouvelles littéraires* de septembre 1985, Patrice Delbourg écrit pour sa part : « Francis le replet serait comique à tout faire ou ne serait pas [...]. Il se plie aux exigences du moule et accumule des prestations sans gloire [...]. Dommage, car le sac à malices de ce timide recelait des trésors de causticité. »

Tous ceux qui le fréquentèrent savent qu'il vaut mieux que l'image qu'il laisse. Comme l'indique Jean-Marc Thibault : « Avec lui, c'était la différence entre la culture et l'intelligence, entre apprendre et comprendre... sans avoir appris, ce qui est encore plus fort. » Darry Cowl ajoute : « Sa folie était réelle mais en fait très contrôlée. Sa tête extrêmement compartimentée [...]. Je l'ai vu en scène ou sur un plateau de cinéma jouer et en même temps réfléchir à six choses à la fois et, durant l'entracte ou une pause, écrire un texte, une chanson, une histoire dans un coin de décor [...]. Il brillait partout mais ne songeait pas forcément à la gloire, aux lendemains, aux monuments qu'on lui dresserait plus tard [...]. Il faisait des choses simplement par désir de les faire. Pas pour éblouir. »

Aujourd'hui, il est aisé d'évaluer son parcours. De prétendre qu'il aurait dû mieux choisir ses rôles, persévérer dans la réalisation, l'adaptation, les dialogues, consacrer plus d'heures à l'écriture. Mais en dehors de ses besoins constants de trésorerie, il aimait cette bousculade d'activités et, comme le précise Gérard Calvi, « c'était un éternel insatisfait que rien n'aurait jamais pu satisfaire ».

Comme beaucoup, Francis Blanche ne se souciait guère de la postérité. *Idem* pour ceux qui se réclament de lui, se parent de ses oripeaux ou, pire, le pillent de manière éhontée et s'approprient son héritage.

Henri Marc, l'auteur qui a mis en forme *Les Pensées de Francis Blanche* (Paris, Le Cherche-Midi éditeur, 1984), écrit à juste titre : « Tous les humoristes qui lui ont succédé lui doivent quelque chose. Avec ou sans reconnaissance de dette. Parfois, à vrai dire, sans le savoir. Tel monsieur Jourdain. » Car c'est lui qui, le premier sur les antennes de radio, sur scène et dès les années 40, a osé cet humour insolent, impertinent, voire grotesque, caricatural que l'on trouve tout naturel aujourd'hui. Et même si l'on ne se souvient pas de son aspect comique, qu'importe. Posséder la possibilité, le don de faire rire ses contemporains relève de la magie, d'un pouvoir surnaturel. Éveiller, provoquer le rire, c'est pouvoir pénétrer au plus profond de la nature humaine, là où s'est réfugiée la dernière parcelle non encore civilisée, policée, codifiée. Encore intacte de préjugés, de retenues, de pudeur. Du moins, ça le devrait ! Ceux qui ont perdu cette innocence ne peuvent l'admettre. Ce qui explique leur critique, leur acrimonie, leur dénonciation, leur virulence et parfois leur haine envers ce « petit gros » ayant su garder son âme d'enfant. Alors tant pis s'il n'était pas un modèle de sérieux, d'obligations, de convenances, de respect, de conformisme, d'orthodoxie, de classification... Tant pis si, comme le résume Pierre Canavaggio, « il n'était par forcément devenu le grand auteur, le grand acteur, le grand chanteur, le grand je ne sais quoi qu'il rêvait d'être ou que nous rêvions qu'il soit. Ce n'était pas le plus important pour ceux qui l'ont connu ! [...]. Je sais, en ce qui me concerne, qu'il n'existe pas un jour sans que je ne pense à lui ».

Tant pis, oui, et tant mieux. Tant mieux s'il subsiste des cachettes, des coins sombres dans sa vie, si je n'ai pas tout découvert, si je n'ai pas tout révélé, si l'on peut encore écrire, disserter. Tant mieux pour ce papillonnage, ce butinage, ces excès de toutes sortes. Pour son attitude face à l'amour, à la maladie ou à la mort. Tant mieux également pour notre sentiment de malaise de n'avoir pas tout compris, ressenti aujourd'hui encore. Tant mieux même pour cette mauvaise humeur, ces erreurs manifestes, cette méchanceté supposée, ce côté « caractériel » dénoncé à loisir par ceux auxquels justement le « caractériel » fait cruellement défaut ! Tant mieux, ça fait du bien de le dire.

Un homme qui sait faire rire ne peut pas être tout à fait mauvais. Bonjour chez vous...

Mars 2000

Des frites avec les doigts

Quand j'étais petit je n'étais pas grand
mais j'étais un enfant docile
je montrais mon cul à tous les passants
c'était la fierté de mes parents

J'apprenais par cœur consciencieusement
un tas de règles difficiles
que je récitais à nos invités
pour montrer que j'étais bien élevé

Faut pas manger les frites avec les doigts
Faut pas ronger les os avec les dents
Faut dire PARDON MERCI *et* S'IL VOUS PLAÎT
Faut dire BONJOUR *à la dame*

Quand dans un collège on m'a laissé choir
j'ai failli en tomber malade
y avait des mégots dans les urinoirs
et des cafards dans les dortoirs

Pour passer le temps à l'étude du soir
je touchais mes petits camarades
tout en répétant les principes sacrés
qui font les enfants bien élevés

Faut pas manger les frites avec les doigts
Faut pas ronger les os avec les dents
Faut dire PARDON MERCI *et* S'IL VOUS PLAÎT
Faut dire BONJOUR *à la dame*

Quand j'ai eu vingt ans, a fallu y aller
Ça s'appelle servir la patrie
le salut au drapeau, le lit au carré
et toutes les vacheries des gradés

Quand t'es colonel tu peux te révolter
y aura toujours une amnistie
mais quand t'es troufion mieux vaut répéter
ce qui fait la force des armées

Faut pas montrer l'colon avec les doigts
Faut pas saluer l'pitaine avec les dents
Faut dire PRÉSENT PARDON *et* S'IL VOUS PLAÎT
Faut dire merci à la France

À présent je suis rangé et marié
j'ai la Sécurité sociale
la retraite des cadres les congés payés
la plus belle 2 CV du quartier

J'ai pas eu d'enfants ça s'est pas trouvé
d'ailleurs ça pue et puis c'est sale
mais quand mes petits neveux seront vaccinés
je leur enseignerai ma vérité :

Faut pas manger la vie avec les doigts
Faut pas ronger la vie avec les dents
Faut dire PARDON MERCI *et* S'IL VOUS PLAÎT
Faut dire BONJOUR... *et puis* MERDE

FRANCIS BLANCHE

Bibliographie

FRANCIS BLANCHE et PIERRE DAC, *Signé Furax* (3 volumes), Éditions Lattès, Paris, 1971

FRANCIS BLANCHE, *Mon oursin et moi* (poèmes), Éditions Lattès, Paris, 1972

– *L'Étrange Napolitaine* (roman), Éditions de Trévise, 1973

– *Le Gruyère qui tue*, Éditions Lattès, Paris, 1976

– *Signé Francis Blanche* (sketches), Éditions Lattès, Paris, 1979

PIERRE ARNAUD DE CHASSY POULAY, *Le Parti d'en rire* (textes radio de Francis Blanche et Pierre Dac), Le Cherche-Midi éditeur, Paris, 1984

Les Pensées de Francis Blanche réunies par Henri Marc (illustrations de Cabu, préface de Claude Villers), Le Cherche-Midi éditeur, Paris, 1984

HENRI MARC, *Francis Blanche, biographie d'un arlequin*, Éditions Lattès, Paris, 1990

JACQUES PLESSIS, *Pierre Dac : mon maître soixante-trois*, Éditions François Bourin, 1992

ROBERT PROT, *Le Dictionnaire de la radio*, Presses universitaires de Grenoble (PUG)/Institut national de l'audiovisuel (INA), 1997

JEAN-FRANÇOIS REMONTÉ et SIMONE DEPOUX, *Les Années radio 1949-1989*, Éditions de l'Arpenteur, Paris, 1989

Remerciements particuliers à : José Artur (l'assistant devenu producteur dont je fus à mon tour l'assistant), Jean Bedel, Gérard Calvi, Pierre Canavaggio, Darry Cowl, Georges Lautner, Jean-Marc Thibault... et merci à tous les témoins connus ou anonymes qui ont accepté de me répondre et de me raconter.

Sans oublier ceux qui m'avaient déjà raconté avant, sans savoir que je les citerais : Jacques Canetti (1909-1997), Jean Carmet (1921-1994), ainsi que Maurice Gardett (1922-1996) et Roger Lanzac (1920-1996), mes anciens voisins à Sainte-Foy-la-Grande (33).

Merci à Monique Desbarbat.

Table

CRÉDITS PHOTOGRAPHIQUES

Les photos reproduites dans le cahier central proviennent de :
1. © Bernard Lugo
2. et 4. à 18. : © Rue des Archives
3. © Lipnitzki-Viollet

Cet ouvrage a été réalisé par la
SOCIÉTÉ NOUVELLE FIRMIN-DIDOT
Mesnil-sur-l'Estrée
pour le compte des Éditions Denoël
en juin 2000

Dépôt légal : juin 2000
N° d'édition : 97504 - N° d'impression : 51818

Imprimé en France